OBSERVATIONS

Sur différens points de réforme du Code des délits et des peines, du 3 Brumaire an IV;

Présentées au Gouvernement

PAR LE TRIBUNAL DE CASSATION.

EXTRAIT *des registres des délibérations des Consuls de la République.*

Du 23 Nivôse, an IX de la République une et indivisible.

LES CONSULS DE LA RÉPUBLIQUE, sur le rapport du ministre de la justice, ARRÊTENT :

ART. I.er Les observations sur le code des délits et des peines du 3 brumaire an IV, remises aux Consuls par le tribunal de cassation, en exécution de la loi du 27 ventôse an VIII, seront imprimées dans la forme du Bulletin des jugemens de ce tribunal.

II. Le ministre de la justice présentera au Gouvernement celles de ces observations qu'il jugera susceptibles de former l'objet d'une loi.

Le premier Consul, signé BONAPARTE. Par le premier Consul : *le secrétaire d'état*, signé HUGUES B. MARET. *Le ministre de la justice*, signé ABRIAL.

A

Tableau des objets principaux de réforme du Code de Brumaire an IV.

I.ᵉʳ *Sur la prescription des poursuites et des peines.*

La prescription des crimes était autrefois très-longue : il fallait vingt ans pour éteindre la poursuite, et trente ans pour éteindre la peine prononcée contre un contumax. Aujourd'hui la prescription n'est que de trois ans. La première est trop longue et offense l'humanité ; la seconde est trop courte et blesse l'intérêt de la société à l'égard des grands crimes. On ne voit pas sans indignation un barbare assassin, dont le crime a été constaté mais non poursuivi, braver, au bout de trois ans, l'impuissance des lois, et menacer la société de nouveaux attentats qui pourront également s'effacer par un aussi bref intervalle.

Il est juste, à la vérité, de ne pas tenir, même un coupable, dans les angoisses d'une terreur sans fin ; et de tout temps le crime a paru très-sévèrement puni par ce long tourment du remords et de la crainte. Ce principe est humain ; il n'a rien de dangereux, pourvu que le temps soit assez long. L'exemple alors n'a presque plus d'importance. Il faut donc conserver une prescription pour les crimes.

La raison dit que le temps de la prescription doit être plus long pour les crimes graves, plus abrégé pour les délits moins répréhensibles, plus court encore pour les délits légers.

La loi de brumaire, qui semble n'établir qu'une seule prescription pour tous, doit donc être réformée ou éclaircie. Elle admet également, et sans distinction, le terme de trois années, au moins comme le plus long : c'est évidemment trop peu par rapport aux attentats ; ce serait trop si on l'appliquait aux simples fautes. On proposerait d'exiger dix ans pour la prescription des grands crimes ;

trois ans, pour celle des délits susceptibles de peines correctionnelles ; un an, pour les délits forestiers , qui sont d'une grande importance pour la société ; six mois, pour les délits ruraux, dont la fréquente répétition commande quelque rigueur ; et trois mois, pour les autres délits de simple police.

La dernière législation ne fait partir la prescription que du jour où le crime a été *connu et légalement constaté* ; elle diffère, à cet égard, du code pénal de 1791, qui, dans l'article II du titre VI de la Ire partie, ne faisait courir le délai de trois ans, que du jour où l'existence du crime aurait été *connue ou légalement constatée*. Les conditions exigées cumulativement dans le code de brumaire, n'étaient qu'alternatives dans le code pénal : mais l'une et l'autre paraissent n'être fondées sur aucune raison solide.

Ils ont tous deux l'inconvénient essentiel d'effacer plutôt les plus grands crimes, qui presque tous font une vive impression et sont connus, et qui le plus souvent sont constatés par des procès-verbaux ; et de remettre plus tard la peine des délits moins atroces, qui souvent n'ont donné ni pu même donner lieu à des procès-verbaux. Il y a bien des crimes, sur-tout des délits légers, dont le corps ne peut pas être constaté.

On a abusé ici de la maxime du droit civil, qui ne veut pas que la prescription coure contre ceux qui ne peuvent pas agir. On en a conclu que la justice publique ne pouvant pas poursuivre le crime avant de le connaitre, il fallait attendre l'instant de cette connaissance pour mettre la prescription en mouvement.

On n'a pas pensé que le plus souvent c'est à la négligence des officiers chargés de la poursuite, qu'on doit attribuer le défaut de l'acte destiné à constater le crime ; et qu'il est injuste d'attribuer à cette négligence une telle influence sur le sort d'un coupable, qu'elle suffise pour tenir le glaive suspendu sur sa tête pendant vingt ou trente ans au lieu de trois.

On pense donc qu'il faut, en prolongeant la prescription, pour les crimes susceptibles de peines afflictives ou
infamantes, la faire courir à compter du jour du crime.

Il se présente une autre observation à faire sur l'une
des dispositions du code : l'article 10 porte que si, dans
les trois ans, il a été commencé des poursuites, la prescription est prolongée jusqu'à six ans, même contre ceux
qui ne seront pas impliqués dans ces poursuites.

Cela est-il juste? Pourquoi faire cesser le cours de la
prescription pour un homme qui n'a jamais été poursuivi,
sous le prétexte qu'un autre, prévenu d'être ou l'auteur
ou le complice du même crime, a été mis en jugement.
C'est perpétuer la crainte de la peine, précisément contre
celui qui, n'ayant pas paru devoir être compris dans
la procédure, déjà faite à raison du crime même dont
on veut aujourd'hui l'accuser, n'a pas été regardé alors
comme coupable ; c'est traiter par conséquent avec plus
de dureté celui en faveur de qui la poursuite commencée, à laquelle il a pourtant échappé, doit introduire
une plus forte présomption d'innocence. Tout au plus
pourrait-on prolonger de six mois la prescription des
crimes poursuivis contre l'un des coupables, lorsque la
poursuite n'aurait eu lieu que dans les six derniers mois
du terme établi pour la prescription, afin que le crime
ne fût pas effacé, avant que la justice, mise sur la voie
par une poursuite commencée, eût pu atteindre tous
les auteurs ou complices.

Ainsi , admettre la prescription à compter du jour
du crime, dans tous les cas ; la rendre plus ou moins
longue en proportion de la gravité plus ou moins grande
du crime ou du délit; la rendre personnelle à chacun ;
ne l'interrompre que par les poursuites dirigées contre
chaque prévenu, sauf l'unique exception qui vient d'être
énoncée: c'est, à ce qu'il semble, la plus sage et la plus
juste des législations sur cette matière.

Il est encore d'une justice évidente de déclarer que,
si des poursuites contre un prévenu ont été commencées

et ensuite interrompues, la prescription reprendra son cours en sa faveur à partir du dernier des actes de cette procédure, et qu'elle sera acquise si l'inaction de la justice a duré pendant le temps fixé pour la prescription.

Pourquoi, dans ce cas, en prolongerait-on la durée au-delà du terme fixé pour la prescription en général ! Au contraire, cette inaction, après un commencement de poursuites, semblerait plutôt établir, en faveur du prévenu, qu'il a été présumé innocent.

On proposera d'ajouter un autre genre d'interruption dans la prescription des crimes ; c'est la perpétration d'un nouveau crime, durant le cours de la prescription d'un crime précédent. Cette idée est juste ; car y aurait-il de la justice à accorder l'amnistie du temps, à celui qui ne l'aurait employé qu'à multiplier ses attentats contre la société ! peut-on regarder comme puni suffisamment par le remords, celui qui persiste dans une dépravation incorrigible ; comme puni suffisamment par la crainte, celui dont cette crainte n'a pas contenu la perversité ! L'idée qu'on propose est morale, car elle peut arrêter quelques crimes.

Observons seulement que ce n'est ici qu'une interruption de la prescription ; qu'elle a pour seul effet de ne faire courir la prescription des deux crimes, qu'à compter du jour du dernier : bien entendu qu'il s'agira de deux crimes de même nature, c'est-à-dire, susceptibles tous deux de peines afflictives ou infamantes, ou de peines correctionnelles, ou de peines de simple police ; car il serait absurde qu'un délit correctionnel perpétuât l'action pour un crime digne de mort ou des fers, ou qu'un délit punissable capitalement, fît revivre une poursuite qui ne conduirait qu'à la peine de simple emprisonnement.

On ne pense pas, au reste, devoir porter plus loin cette idée, ni, par exemple, prononcer qu'un crime commis depuis l'accomplissement de la prescription d'un autre crime, dût anéantir l'effet de cette prescription achevée ; car il ne peut être permis, en aucun cas, de dépouiller un homme, quels que soient ses crimes, des droits qui lui sont pleinement acquis. Quand la prescription n'était pas accomplie, le coupable pouvait être mis en jugement, bien qu'il n'eût pas commis un nouveau crime : le crime nouveau, qu'il ne doit imputer qu'à lui - même, peut donc, sans injustice, retarder l'acquisition d'un droit qu'il n'avait pas encore ; mais il ne pourrait lui ravir celui qui déjà lui appartient. D'ailleurs, il ne faut jamais oublier que l'utilité publique est la vraie mesure de la justice dans les matières criminelles : or il est utile de mettre un frein de plus à la corruption des coupables dans les temps voisins de leurs premiers excès ; mais celui qui, depuis son début dans la carrière du crime, aura tenu pendant dix années une conduite irréprochable, donne beaucoup moins d'excès à craindre dans le reste de sa vie.

On aura complété l'objet de la loi en cette partie, si non-seulement on fait perdre par le nouveau crime le fruit des années écoulées depuis l'époque du premier crime, mais si l'on soumet encore le coupable en ce cas aux peines attachées à la récidive : il faudrait que cette peine, qui aujourd'hui n'est appliquée qu'au seul cas où il y a eu condamnation prononcée contre l'ancien crime, fût expressément étendue à celui où un second crime, susceptible de peines de la même nature que celles du premier, aurait été commis avant que la prescription du premier crime fût acquise : il est entendu qu'il s'agit ici d'un nouveau crime, indépendant de l'autre, et qui ne serait ni une circonstance ni une suite de celui-ci. Ainsi, cette peine de la récidive ne serait infligée, ou qu'à des scélérats qui s'étant fait une habitude des forfaits, en commettent journellement, et en quelque sorte par métier, ou qu'à des coupables moins atroces, qu'il est important de retenir par l'idée salutaire, que plusieurs crimes seront punis plus sévèrement qu'un seul, et que la perpétuité des attentats et des excès, nonseulement en perpétue mais en aggrave la punition.

Il serait peut-être convenable de n'appliquer la peine

de récidive, pour ce cas particulier, qu'aux seuls crimes qui sont punis par la loi de plus de quatre années de fers; et peut-être aussi faudrait-il convertir, pour ce cas-là, la peine de déportation, qui est celle de la récidive, en un accroissement de deux années de fers par chacun des crimes de la nature qu'on vient d'énoncer, qui auraient été commis avant la prescription du premier.

Une autre réflexion à faire sur la prescription des crimes, c'est que presque tous peuvent donner lieu à-la-fois à une action civile, pour l'indemnité des personnes lésées, et à une action publique, pour le châtiment des coupables. L'action civile qui naît d'un délit, sera-t-elle bornée par un temps plus court que celle qui naîtrait d'un obligation contractuelle, ou ne sera-t-elle pas prescrite par l'expiration du délai fixé pour l'action publique! Ce dernier parti ne semble pas raisonnable au premier coup-d'œil : cependant, en y regardant de plus près, on est obligé d'appliquer aux deux actions la prescription commune; car comment un homme pourrait-il être convaincu par la voie civile, d'un crime dont il serait défendu de le convaincre par la voie criminelle, et qu'il serait désormais impossible de punir! Combien d'actions pour délit ou injure ont toujours été renfermées dans un cercle beaucoup plus étroit que celles qui résultent d'un engagement! Dans celles-ci, la preuve est faite; dans celles-là elle est à faire. La facilité de la preuve va toujours décroissant par le temps qui s'écoule: l'action privée n'est d'ailleurs que l'accessoire de l'action publique, laquelle serait éteinte par la prescription.

De là il résulte que l'exercice de l'action civile la perpétue, mais n'interrompt pas la prescription de l'action publique; et que l'action publique, en interrompant la prescription de l'action criminelle, perpétue aussi l'action civile.

Le code prévoit que l'action civile peut être poursuivie en même temps et devant les mêmes juges que l'action publique; qu'elle peut l'être aussi séparément:

mais il suspend l'exercice de l'action civile jusqu'à la prononciation sur l'action publique, intentée avant ou pendant la poursuite de l'action civile. Il paraît que cela ne suffit pas ; et l'on pense qu'il faut dire que l'action civile, quoique intentée séparément et même devant d'autres juges, doit être attirée au même tribunal saisi de la poursuite criminelle, pour y être statué conjointement avec ou après le jugement de l'action publique, selon les circonstances et la prudence des juges.

Il y a une distinction à admettre, entre la poursuite des crimes et les peines prononcées par jugement qui n'ont pas pu être exécutées. Le prévenu non poursuivi peut être innocent, et doit humainement être présumé tel : la prescription de la poursuite doit donc être plutôt acquise en sa faveur. Le condamné (même par contumace) est jugé, et doit être au moins présumé coupable, durant le temps même que la loi doit lui accorder pour se représenter et purger sa contumace. Le condamné par un jugement contradictoire, après lequel il s'est évadé, est définitivement jugé ; il est coupable certainement aux yeux de la loi ; et la prescription de la peine à laquelle il a échappé, doit être encore plus difficile et plus longue. C'est la justice même, c'est l'intérêt de la société, qui veulent tout cela.

Il faut donc, d'abord, que la loi fixe un délai qui ne se trouve déterminé dans aucun des monumens de notre nouvelle législation (a), pour admettre le condamné par contumace au droit de la purger en se représentant ; délai, passé lequel la condamnation soit aussi irrévocable que si elle avait été contradictoire. Ce délai était de cinq ans, suivant notre ancien code de 1670 : il paraît qu'il doit être le même ; il est assez long pour convenir à toutes les positions dans lesquelles peut se trouver le condamné. S'il le laisse passer sans offrir sa justification aux tribunaux, il s'est jugé lui-même ; il a reconnu la

____

(a) *Voyez* l'article 476. Il est général, et ne détermine aucun délai pour se représenter.

justice de sa condamnation, rendue publique par l'exécution en effigie. Cette opinion de lui-même, sa fuite,
l'instruction qui a précédé le coup dont la justice l'a
frappé, ne permettent plus à la société de douter de
son crime. L'état du condamné doit donc être fixé à
l'expiration de ce délai suffisant : jusque-là, si la mort
l'atteint, il mourra couvert encore, sinon d'une présomption, au moins d'une possibilité d'innocence, et,
comme on dit, il mourra *integri statûs*. Passé ce terme, il
ne doit plus avoir rien à réclamer; il ne lui sera pas permis,
au bout de dix, vingt ou trente ans, quand les preuves
auront disparu, de venir surprendre à la société une
justification tardive : son sort est devenu irrévocable. La
partie de sa peine qui a pu recevoir son exécution ;
savoir la dégradation de la personne, l'infamie qui la
couvre, la séquestration et la privation de ses biens, ne
pourront plus cesser par l'effet du laps de temps. Mais
la peine personnelle, la peine afflictive ne pourra-t-elle
jamais être éteinte par le cours des années ! cela serait
inhumain et barbare; il lui faut donc aussi une prescription à cet égard seulement : mais, comme on l'a dit,
cette prescription doit être plus lente à acquérir que
celle des premières poursuites. On proposerait donc
d'établir la prescription de la peine, pour le condamné
par contumace, par un temps double de celui qui suffit
à la prescription des poursuites, et de la faire courir à
compter du jour seulement où le condamné aura perdu
le droit de purger sa contumace. A l'égard du condamné
contradictoirement, bien qu'il y ait des opinions sévères
qui le privent de toute espèce de prescription contre la
peine d'un crime instruit et jugé avec lui-même, comme
il ne peut y avoir rien d'éternel et d'ineffaçable sur cette
terre, l'humanité commande, et il faut lui obéir, d'admettre un terme quelconque ; et ce terme peut être li-
mité à un temps triple de celui qui est fixé pour la prescription des poursuites, en faisant courir ce temps à compter du jour de l'évasion ou disparition du condamné.

II.ᵉ *Sur les étrangers et prisonniers de guerre.*

Bien que les étrangers qui ont commis des crimes hors de France, n'aient pas violé les lois françaises et ne puissent être punis par elles, si néanmoins ces crimes ont été commis contre la personne et les droits d'un Français, et si les lois du pays où ils ont eu lieu, ainsi que les lois françaises, les punissent de peines afflictives ou infamantes, le coupable trouvé en France paraît devoir être jugé et puni ; sans néanmoins qu'il puisse jamais lui être infligé une peine plus sévère que celle qui est prononcée par les lois du pays étranger où le crime a été commis, puisque c'est, en quelque sorte, avec ces lois seules qu'il a contracté par son crime.

A l'égard des étrangers prisonniers de guerre en France, qui y commettent des crimes, il paraît qu'ils doivent être jugés par les conseils de guerre, s'ils sont soumis à la garde et surveillance des corps militaires ; et par les tribunaux ordinaires, s'ils sont prisonniers sur leur parole et jouissent physiquement de l'usage de leur liberté.

Il serait bien digne de la loyauté française, de donner aux étrangers jugés en France la plus parfaite garantie de l'impartialité des jugemens, et de les mettre à l'abri de l'influence de tous les préjugés nationaux.

Ce serait sans doute une faveur d'accorder aux étrangers l'avantage du jugement par jurés, qui n'est dû qu'aux citoyens français : mais il est digne de notre législation d'en faire jouir tous ceux qui viennent habiter la terre de la liberté ; et l'on proposerait d'y ajouter une autre faveur encore, ce serait d'ordonner que trois sur les huit jurés d'accusation, cinq sur les douze jurés de jugement, un sur les trois adjoints, seront pris parmis les étrangers, soit de la même nation que les prévenus, soit d'une autre ; bien entendu qu'il se trouvera des étrangers dans l'arrondissement du directeur du jury saisi de l'affaire. Si l'étranger mis en jugement n'a pas réclamé l'usage de ce droit, et s'il n'a pas prouvé qu'il y avait des étrangers existans dans l'arrondissement, il ne pourra se faire un moyen de l'omission de cette mesure.

III.ᵉ *Sur la concurrence et les bornes des fonctions des officiers de police ; sur la surveillance des officiers supérieurs ; sur les membres de la gendarmerie en particulier.*

Il est important de multiplier les officiers de police pour saisir les prévenus en flagrant délit ou à la clameur publique, dresser les procès-verbaux, et recevoir les premières déclarations des témoins. En conséquence, il sera utile d'accorder ce droit conjointement aux gardes champêtres et forestiers, aux officiers de gendarmerie, même aux sous-officiers et gendarmes dans leurs tournées (sans qu'il soit besoin, à leur égard, de commission ou délégation des directeurs de jury), aux commissaires de police, et aux adjoints des communes où il n'y a pas de commissaires de police, aux juges de paix et aux directeurs de jury.

Mais si l'intérêt public exige que les yeux de la surveillance sur les crimes et délits soient multipliés, il y a, d'un autre côté, des précautions à prendre, pour éviter les abus de pouvoir et les partialités, qui pourraient naître d'une confiance trop illimitée dans les dépositaires de cette importante fonction. Voici les mesures qu'il paraît convenable de prendre contre ces inconvéniens :

1.° Les procès-verbaux des gardes forestiers, en matière de police et correctionnelle, ne feraient foi jusqu'à inscription de faux qu'autant qu'ils seraient signés au moins de deux gardes, et qu'ils auraient été affirmés, dans les deux jours, devant le juge de paix ;

Ceux des gardes champêtres ne feraient foi, dans les mêmes matières de police, ou de police correctionnelle, que jusqu'à la preuve contraire, et encore dans le cas seulement où ils auraient été affirmés de même ;

Ceux des officiers de gendarmerie feraient foi jusqu'à

inscription de faux, en matière correctionnelle et de police seulement ;

Mais ceux des sous-officiers et gendarmes n'obtiendraient foi entière qu'autant que , signés par trois, ils auraient été de plus affirmés dans les deux jours de leur rédaction ;

Les procès-verbaux des commissaires de police feraient foi pleine jusqu'à inscription de faux ; mais ceux des adjoints des communes, seulement jusqu'à preuves contraires.

2.º Les mandats d'amener devant le juge de paix, contre les prévenus non saisis en flagrant délit ou à la clameur publique, ne pourraient être donnés que par les seuls officiers de gendarmerie, et par les commissaires de police dans les communes au-dessus de cinq mille habitans. Le droit de délivrer ces mandats n'appartiendrait ni aux gardes forestiers ou ruraux, ni aux sous-officiers et gendarmes , même dans leurs tournées, ni aux adjoints de communes au-dessous de la population ci-dessus désignée ; mais tous enverraient, avec les personnes arrêtées en flagrant délit, les dénonciations, les procès-verbaux et autres pièces de l'instruction, au juge de paix, qui décernerait , s'il y a lieu, les mandats d'amener.

3.º Tous les officiers de police judiciaire doivent être sous la surveillance générale du commissaire accusateur public du département. Elle sera immédiate sur le directeur du jury qui, à son tour, l'exercera immédiatement sur les juges de paix, les commissaires de police, *les officiers de gendarmerie*, les adjoints des communes, les sous-officiers et gendarmes faisant les fonctions d'officiers de police judiciaire dans leurs tournées, les gardes forestiers et les gardes champêtres. S'il y a lieu à injonction ou amende, ou à poursuite judiciaire contre ces différens officiers, elle sera commencée et suivie, soit d'office, soit sur dénonciation, par le commissaire accusateur, et immédiatement par le directeur du jury quant aux gardes forestiers et champêtres.

Les officiers de gendarmerie, sous-officiers et gendarmes, seront tenus en outre de déférer à toutes les
réquisitions des juges de paix, directeurs du jury et
commissaires accusateurs, et de mettre à exécution tous
leurs mandats, dont les porteurs et exécuteurs peuvent
requérir l'appui de la force publique, sans qu'il soit
besoin ni que ces mandats en contiennent réquisition
expresse, ni de recourir à l'officier de police dont ils
sont émanés.

Enfin, en cas de négligence des officiers de police,
et même des juges de paix, de procéder à l'instruction,
ou de délivrer les mandats nécessaires, le directeur a
droit de se saisir de l'affaire, de s'en faire envoyer les
pièces, et d'agir comme officier de police, même d'avertir
et réprimander les officiers négligens, et, s'il y a lieu à
injonction, amende ou poursuite, de les dénoncer au
commissaire accusateur.

La seule difficulté sur l'exercice de tous ces actes de
surveillance et de supériorité, consiste à savoir, si le
préjugé que les officiers, sous-officiers et gendarmes
puisent dans leur qualité militaire, et qu'il est peut-être
utile d'entretenir pour l'assurance et la bonté du service,
n'exige pas une modification sage à la dépendance où,
comme officiers de police, ils seraient placés à l'égard
des directeurs du jury et du commissaire accusateur;
et s'il ne serait pas préférable que ces premiers officiers
de la police judiciaire adressassent leurs plaintes aux
supérieurs dans le corps de la gendarmerie, pour qu'ils
exerçassent, sur les négligens ou délinquans, soit la
censure par voie de discipline, soit les poursuites, s'il y
avait lieu, par-devant les conseils de guerre : des personnes
expérimentées assurent que ce changement à l'ordre
maintenant établi, est d'une très-haute importance.

IV.ᵉ *Sur l'exercice du droit de mise en liberté par le juge
de paix, et les moyens de remédier à ses abus.*

Quant à la manière de procéder devant le juge de

paix, les réglemens trop sévères ont un effet contraire à ce qu'on s'en promet ; et l'on préférerait d'ordonner que l'interrogatoire fût subi par le prévenu le plutôt qu'il serait possible, à l'injonction rigoureuse des vingt-quatre heures, qui ne s'observe pas, et qui très-souvent ne peut pas s'observer.

Il serait bon d'autoriser le juge de paix à faire retenir en lieu sûr, pendant trois jours au plus, le prévenu, pour prendre les éclaircissemens nécessaires soit au mandat d'arrêt, soit à la mise en liberté.

C'est au reste un fort grand inconvénient, que de donner au juge de paix, presque sans remède, le droit de mettre le prévenu en liberté ; il serait nécessaire d'autoriser le directeur, sur le vu des pièces et sur les conclusions du commissaire, à décerner mandat d'arrêt contre le prévenu mis mal-à-propos en liberté, sous la condition d'en donner avis au commissaire accusateur ; il serait bon d'ordonner même qu'à l'égard des vagabonds, gens sans aveu, suspects et mal intentionnés, aux termes de la loi de juillet 1791, cette ordonnance du juge de paix ne pourrait s'exécuter qu'après avoir été confirmée par le directeur du jury.

V.ᵉ *Sur l'attribution de quelques affaires au directeur, mais sans exclusion et sans nullité.*

Il y a des affaires graves, dans lesquelles il est important que la loi s'assure de l'exactitude et du zèle des officiers de police ; et, à cet effet, il faut qu'elle les confie spécialement aux directeurs du jury, qui tiennent le premier rang parmi eux, et qui sont chargés de les surveiller. Mais on desirerait que le renvoi de ces affaires aux directeurs fût assuré par les voies d'avertissement, de réprimande, d'injonction et d'amende, et jamais par l'annullation de la procédure, qui, lorsqu'on l'applique à toutes les irrégularités, présente les inconvéniens les plus graves, dont le moindre est l'énormité des frais que ce système porte sur le trésor public.

L'intérêt général paraît exiger qu'aux affaires crimi-nelles que la loi attribue déjà aux directeurs du jury, l'on ajoute, sans néanmoins prononcer la peine de nullité,

1.º Les attroupemens séditieux, violences et pillages publics ;

2.º Les vols et dégâts commis au préjudice de la République ;

3.º Nommément les violences et attentats contre les personnes, de quelque nature qu'ils puissent être ;

4.º Les crimes attentatoires à la sûreté des rues et voies publiques, à l'exception des vols simples ;

5.º Les violences, connivences ou négligences qui auraient pour objet l'évasion et enlèvement des prisonniers et condamnés. (Cas déjà prévu par la loi du 4 vendé-miaire an VI.)

VI.ᵉ *Sur la nullité des mandats d'arrêt et son effet.*

L'un des défauts que les hommes sages ont reproché le plus unanimement à la loi du 3 brumaire an IV, qui est au surplus l'ouvrage de législateurs très-éclairés, c'est la multitude des nullités qu'elle prononce, et qui sont telles, qu'il est presque impossible que la procédure faite par des juges instruits des lois avec la plus sévère attention, échappe dans toutes ses parties à la censure légitime de quiconque y voudra trouver des nullités. Elle n'en a pourtant établi aucune pour ce qui concerne les actes de police jusqu'au mandat d'arrêt ; et il faut bien se donner de garde d'en introduire ; l'observation des règles sera suffisamment garantie par les avertissemens, réprimandes, injonctions et amendes prononcées par les supérieurs.

La loi veut avec raison que les mandats d'arrêt ne puissent avoir lieu que dans les préventions de crimes susceptibles de peines afflictives ou infamantes, ou d'emprisonnement correctionnel. Cependant il y aurait de l'inconvénient à permettre qu'on attaquât un mandat, sous prétexte qu'au temps où il a été décerné, les faits n'étaient pas prouvés encore être parvenus au degré de culpabilité qui attire ces peines , si le développement de l'instruction les a depuis amenés à ce point.

Ainsi , il paraît convenable d'autoriser les mandats d'arrêt, toutes les fois qu'il s'agit ou d'homicide ou de violences suivies de blessures graves, ou de vols, parce que de la moindre circonstance dépend l'application de la peine grave.

Il est raisonnable d'annuller un mandat d'arrêt qui serait donné en matière légère, ou qui serait dénué de la signature ou du sceau du juge de paix, ou qui ne désignerait pas clairement la personne, soit par son nom, profession, domicile, soit autrement, ou qui enfin n'exprimerait pas la cause de l'arrestation. Mais quant à la loi qui l'autorise, d'un côté il a paru difficile d'assujettir les officiers de police à citer, dans la multitude des lois pénales, précisément celle qui prononce la peine du délit énoncé au mandat; de l'autre on a eu recours à un expédient qui a quelque chose d'insignifiant et de ridicule, celui de n'exiger que la citation de l'art. 70 ; c'est-à-dire, de celui qui ordonne d'indiquer la loi pénale.

Dans cet état, l'on pense qu'il suffira d'annuller tout mandat d'arrêt qui n'aurait pas pour objet un délit de la nature de ceux qui viennent d'être énoncés , et de déclarer valable tout mandat décerné pour un tel objet, sans qu'il soit besoin qu'il contienne l'indication de la loi qui l'autorise.

Ajoutons que, dans tous les cas, c'est le mandat seul qui serait frappé d'une nullité, laquelle ne doit pas entraîner celle de la procédure régulière qui aurait suivi. L'expérience a démontré que cela est très-important à prononcer en dérogeant aux articles 327 et 460 du code.

Encore ne faudrait-il permettre d'annuller le mandat d'arrêt pour mauvaise désignation de la personne, qu'autant que, dans le fait, il y aurait erreur sur le détenu; car si, bien que mal désigné, l'individu qui était l'objet

du

du mandat a été arrêté, il doit être non recevable à se faire un moyen de nullité d'une désignation imparfaite.

Il est nécessaire que le mandat d'arrêt soit représenté au prévenu qui le requiert, par l'huissier ou l'agent de la police ou de la force publique, et qu'au moins, après l'arrestation, il en soit délivré copie. Cela tient à la garantie de la liberté individuelle ; mais le défaut de ces formalités ne doit annuller que l'exécution du mandat, et non le mandat même, et ne peut d'ailleurs avoir aucune influence sur le reste de la procédure, si elle est régulière.

VII.ᵉ *Sur l'arrestation provisoire à ordonner au cas de l'article 74.*

Dans le cas de l'article 74, il faut exiger que la personne frappée du mandat d'amener, qui sera trouvée après deux jours et au-delà de dix lieues, ou vienne se présenter au juge de paix qui a donné le mandat, ou se mette réellement en arrestation provisoire dans le lieu où elle se trouve, sans qu'elle ait le choix de se faire garder à vue à ses frais ; ce qui n'est qu'un moyen de faciliter l'évasion.

VIII.ᵉ *Sur la voie d'appel à ouvrir contre les jugemens de police, avec effet suspensif dans le cas de prison, ou de condamnation excédant 50 francs.*

Et IX.ᵉ *Sur l'exclusion de tout appel à l'égard des jugemens par défaut.*

Il paraît fort important de supprimer le dernier ressort des tribunaux de police, 1.º parce qu'ils sont quelquefois composés d'hommes médiocrement instruits ; 2.º parce que souvent aussi ils prononcent des dommages et intérêts considérables ; 3.º parce que le dernier ressort donne souvent lieu à des demandes en cassation, qui occupent le temps précieux du tribunal à de minces contestations ; 4.º parce que cela présente des tentations ruineuses.

B

d'aller plaider à cent lieues ou plus pour des objets qui ne le méritent pas , et donne lieu ou à des paiemens d'amende disproportionnés , ou à de faux certificats d'indigence.

Les appels doivent se porter aux tribunaux correctionnels , qui les jugeront en dernier ressort, sauf la cassation, parce qu'il faut charger de cela des juges plus rapprochés que les tribunaux criminels.

On ne doit, sur l'appel, être admis à présenter que les nullités de procédure que les parties auront proposées aux tribunaux de police.

Et sur la cassation des jugemens d'appel, il ne faut recevoir que les moyens d'incompétence, et la contravention ou fausse application des lois pénales, les nullités de la procédure proposées au tribunal correctionnel, et celles du jugement même du tribunal correctionnel.

Les appels ne devront être interjetés ni avant six jours, ni après douze jours de la prononciation ou signification des jugemens de police de première instance; et nul appel ne pourra être interjeté d'un jugement par défaut, soit du premier, parce qu'il peut être rétracté sur l'opposition, soit du second, ou du débouté d'opposition, parce qu'on ne doit pas permettre d'éluder le jugement du tribunal de première instance.

Xe *Sur la suppression de la nécessité de donner par écrit les moyens d'appel dans un certain délai.*

L'appel des jugemens correctionnels sera interjeté par déclaration faite au greffe après les six jours, et dans les douze jours de la prononciation des jugemens contradictoires, ou de la signification des jugemens par défaut, à peine de déchéance. Il paraît qu'il serait encore plus sage d'admettre l'opposition aux jugemens correctionnels par défaut, et d'en interdire l'appel, soit à l'égard des premiers, soit à l'égard des seconds jugemens rendus par défaut.

(19)

Quant à la requête contenant les moyens, elle sera
jointe dans le même délai; c'est-à-dire qu'après son
expiration, le jugement sur l'appel pourra être rendu
sans l'attendre, mais la partie sera toujours admise à la
présenter, ou à plaider ses moyens tant que le jugement
sur l'appel ne sera pas rendu : car dans le cas même où
l'appelant n'aurait pas motivé son appel, les juges seraient
obligés d'en suppléer les moyens ; à plus forte raison,
l'appelant lui-même sera-t-il recevable à les proposer; et
la vérité ne peut jamais être repoussée, pour s'être mon-
trée passé un certain délai, tant que l'affaire n'est pas
décidée.

XI.ᵉ *Sur la permission d'entendre des témoins nouveaux au
tribunal d'appel, en vertu de jugement exprès.*

Il paraît convenable de dire expressément que l'on
peut non-seulement entendre de nouveau les témoins,
mais encore entendre des témoins nouveaux. Cependant,
attendu qu'il est des circonstances où cela pourrait n'être
pas sans inconvénient et sans soupçon de subornation,
il est bon d'exiger une ordonnance formelle du tribunal,
qui autorise cette information supplétive, ou qui la re-
fuse, selon sa sagesse et sa prudence.

XII.ᵉ *Sur le pourvoi en cassation de la partie plaignante,
toujours admis en matière de police et correctionnelle ; sur
les bornes des moyens de cassation de la partie plaignante.*

Il paraît essentiel d'accorder à la partie plaignante et
au commissaire, non-seulement, comme le porte l'art. 193,
la faculté d'appel contre les jugemens correctionnels,
mais celle de se pourvoir en cassation contre le jugement
sur l'appel rendu par le tribunal criminel. Cela est sur-
tout important à l'égard de la partie plaignante, par rapport à laquelle on en a douté ; car le plaignant peut
être ruiné soit par les indemnités auxquelles il serait

condamné, soit an fond, par le délit d'escroquerie, par exemple, qu'il aurait dénoncé. Ici l'on n'a pas à vaincre le respect légal qu'inspire une déclaration des jurés ; tout est l'ouvrage des juges seuls.

Mais on peut réduire les moyens de cassation. On peut ne pas admettre ceux qui naissent des nullités prétendues de la procédure devant le tribunal correctionnel : on peut les borner aux nullités de procédure devant le tribunal criminel, pourvu que le demandeur en cassation les eût fait valoir sans succès au tribunal ; à l'incompétence, aux excès de pouvoir, et aux contraventions du jugement, quant au fond, à la disposition des lois ;

Sans préjudice du réquisitoire du commissaire près le tribunal de cassation contre toutes les espèces de nullité pour l'honneur de la loi, mais sans que la cassation qu'il obtiendrait pût influer sur le sort des parties, si ce n'est quant à la contravention aux lois dans le jugement, laquelle aurait pu nuire au prévenu.

XIII. *Sur le délai de trois jours à accorder sans distinction pour le pourvoi du commissaire du Gouvernement dans ces matières.*

En appliquant à ces matières les règles du recours en cassation pour la matière criminelle, il conviendrait, dans tous les cas, d'accorder au commissaire, comme au prévenu, et à la partie plaignante, trois jours de délai pour se pourvoir.

XIV. *Sur l'examen que doit faire le directeur, de la fausse qualification de délit ou de crime, attribuée par le juge de paix aux faits dont le prévenu est inculpé.*

Le directeur n'a pas droit d'examiner la force des preuves ; cela appartient exclusivement au jury d'accusation. Mais il faut dire expressément que le directeur a le droit d'examiner et de juger si les faits énoncés dans le mandat d'arrêt sont de la nature exigée par la loi, pour qu'on ait pu donner le mandat d'arrêt ; qu'il a ce droit, dis-je, quelque dénomination et qualification que le juge de paix ait donnée par erreur au délit, qui résulte des faits allégués contre le prévenu.

Exprimer dans la loi, que les mandats d'arrêt donnés par le directeur à raison du même délit, ou d'un délit connexe, ou d'un délit du même genre, mais sans annuller ceux du juge de paix, ne seront pas nuls et n'annulleront rien.

Ajouter que le directeur peut donner mandat d'arrêt contre tous prévenus d'être auteurs, coopérateurs ou complices du même délit, contre lesquels le juge de paix n'en aurait pas décerné ; car la procédure ne doit jamais rétrograder : de son côté, le juge de paix, après avoir envoyé au directeur l'instruction, le mandat et le prévenu, pourra même d'office continuer cette instruction ; il la fera parvenir au directeur, qui la joindra aux pièces, et en fera tel usage que de raison.

XVe *A quoi doivent se réduire les nullités de l'acte d'accusation.*

Il paraît qu'on doit ne déclarer l'acte d'accusation nul que dans trois cas :

1.º S'il n'est pas revêtu du *visa* du commissaire ;

2.º S'il n'a pas pour objet, ou un homicide, ou un acte de violence envers les personnes suivi de blessures graves, ou un vol, ou un autre crime ou délit emportant peine afflictive ou infamante ;

3.º S'il ne désigne pas clairement la personne qui en est l'objet, et si l'identité n'est ni avouée ni prouvée.

N'imposer au surplus que les peines d'avertissement, réprimande, injonction ou amende, pour l'acte d'accusation qui, d'une part, ne contiendrait pas l'exposition pleinement détaillée du fait avec toutes ses circonstances ; qui, d'autre part, ne déterminerait pas la nature du crime ou délit avec assez de précision : sans prononcer la nullité pour ces cas.

XVI.ᵉ *Sur les changemens à faire dans l'instruction qu'on lit au jury d'accusation.*

Corriger l'instruction à lire aux jurés, comme leur donnant occasion de croire, malgré la disposition précise de la loi, la chose du monde à laquelle ils sont le plus enclins, savoir, qu'ils ont la liberté d'examiner la criminalité du fait et sa pénalité; ce qui est du plus grand danger. L'un des changemens les plus importans à faire dans l'instruction des jurés, c'est de parvenir, s'il est possible, à les empêcher de substituer leur jugement moral à celui de la loi, d'envisager comme innocent ce que la loi déclare criminel, comme légèrement répréhensible ce que la loi trouve grave; d'arbitrer enfin dans leur esprit la peine qu'ils croient due à chaque action, de juger trop sévère celle que la loi a prononcée, et de se déterminer par-là, comme ils le font souvent, à prononcer sur le fait, qui est la seule chose de leur compétence, à prononcer, dis-je, d'après l'idée qu'ils se forment de ce qui devrait arriver au prévenu ou à l'accusé, s'ils le mettaient en accusation ou le déclaraient convaincu.

XVII.ᵉ *Sur la défense de montrer au jury les interrogatoires et les dépositions.*

Il sera très-utile de prononcer formellement que, si le directeur ne doit pas mettre sous les yeux des jurés les dépositions mêmes des témoins et les interrogatoires mêmes des prévenus, il peut et doit insérer dans l'acte d'accusation le résultat des uns et des autres.

Dire pareillement que la connaissance des déclarations prises soit du prévenu, soit des témoins trouvés ou appelés sur le lieu, et insérées dans les procès-verbaux, n'est point interdite aux jurés.

XVIII.ᵉ *Nécessité d'ôter aux jurés d'accusation le droit d'user de la formule* , Il n'y a pas lieu à la présente. *Supplément de cette formule.*

On croit qu'il faut retrancher l'article 245 du code. Cet article donne aux jurés un droit qu'ils ne doivent pas avoir, et qui est contraire à la nature de leur institution. Ils ont à juger uniquement que la probabilité des faits proposés est suffisante, pour mettre le prévenu en accusation ; et cet article leur permet au contraire de décider qu'il y a d'autres circonstances non présentées dans l'acte d'accusation, qui constituent un délit susceptible d'une autre accusation. Voilà ce que signifie, de la part des jurés, cette formule autorisée par l'article 245 du code : *Il n'y a pas lieu à la présente accusation.* En usant de cette formule, les jurés usurpent une fonction qui n'appartient qu'aux organes de la loi.

C'est donc au directeur, et non à eux, qu'il faut permettre, lorsqu'après une déclaration négative des jurés, il s'aperçoit qu'il y a un autre délit résultant des faits et des circonstances exposés, lequel n'a pas été présenté dans l'acte d'accusation, mais sur lequel il en faut dresser un nouveau, qu'il faut lui permettre, dis-je, de dresser et de présenter ce nouvel acte. Mais on doit resserrer ce pouvoir du plaignant et du directeur dans des limites très-abrégées, comme dans vingt-quatre heures ; car il y aurait un grand inconvénient à accorder cette faculté sans une limitation très-rigoureuse.

XIX.ᵉ *Réduction des nullités dans la procédure du directeur , suppléées par avertissemens, réprimandes, injonctions , amendes (plus efficaces que les nullités).*

Les seules nullités qu'on doit laisser subsister dans la procédure qui se fait devant le directeur, sont :

1.º L'omission du *visa* du commissaire sur les ordonnances du directeur ci-dessus mentionnées, ainsi que sur l'acte d'accusation;

2.º La qualité trop légère des délits pour lesquels cet acte est dressé ;

3.º Les règles indispensables prescrites pour la forme de la tenue et déclaration du jury.

Quant à celles qui doivent résulter de la capacité personnelle et de la formation du tableau des jurés, il en sera parlé ailleurs.

En conséquence, il faut ordonner, ce que le code ne fait pas, de dresser procès-verbal du tirage, des noms, profession, domicile des jurés, de la tenue de leur assemblée, et de la remise de leur déclaration au directeur, à peine d'avertissement, réprimande, injonction et même amende ; et il faut charger le directeur d'envoyer ce procès-verbal au tribunal criminel.

Il est nécessaire d'établir la garantie des formalités, même de celles qui ne sont pas prescrites à peine de nullité, par les avertissemens, réprimandes, injonctions et amendes, s'il y a lieu, prononcées par les supérieurs.

XX.ᵉ *Sur les moyens de remédier (en cas de nullité) à la déclaration* négative *du jury d'accusation.*

Le code laisse une importante lacune à remplir. Il suppose qu'après la déclaration négative du jury, *Il n'y a pas lieu*, quelque nuls que puissent être l'acte d'accusation, les ordonnances du directeur, la tenue et déclaration des jurés, il n'y a plus de remède, puisque le tribunal criminel ne peut jamais être saisi qu'après une accusation admise : on dirait qu'à l'entrée de la poursuite criminelle, on a voulu placer dans la personne des officiers de police et dans celle des jurés d'accusation, deux pouvoirs despotiques qui ne connussent pas de frein, et qui pussent soustraire au châtiment tous les accusés qu'ils voudraient justifier ou délivrer. Sans doute la justice présidera le plus souvent à l'exercice de ce pouvoir; mais est-il sage d'y compter assez pour ne prendre aucune mesure contre l'abus !

Voici la réforme qu'on imagine.

Le directeur qui, après la déclaration négative, n'apercevra pas qu'il y ait lieu de dresser un autre acte d'accusation, prononcera la mise en liberté du prévenu ; mais il sera sursis vingt-quatre heures à l'exécution, et, pendant ce temps, le commissaire pourra déclarer qu'il se pourvoit en nullité au tribunal criminel, dont ensuite il faudra attendre le jugement, lequel devra être prononcé dans les deux décades au plus tard, sur le vu des pièces.

Si le commissaire ne se pourvoit pas, la mise en liberté aura lieu après les vingt-quatre heures, sans préjudice au commissaire accusateur de requérir l'apport des pièces, dans les trois jours de l'avis qu'il doit recevoir, et de se pourvoir, s'il y a lieu.

XXIe *Sur la manière de corriger l'abus des nouvelles poursuites permises, après cette déclaration négative, en cas de nouvelles charges.*

La nouvelle poursuite, autorisée par l'art. 255 du code, contre le prévenu délivré par le jury d'accusation, s'il survient de nouvelles charges, a de graves inconvéniens à son préjudice, si la décision en est laissée au directeur seul : il faut, en sens contraire de l'observation précédente, pourvoir à l'intérêt du prévenu. La nouvelle accusation, fondée sur de nouvelles charges, ne devrait jamais être intentée, qu'autant que non-seulement le directeur jugerait ces charges suffisantes, mais que le commissaire auprès de lui serait dans la même opinion, et que les conclusions de ce dernier seraient conformes à l'ordonnance du directeur.

XXIIe *Sur l'exercice du ppuvoir discrétionnaire qui sera attribué au tribunal.*

On croit qu'il faut accorder le pouvoir discrétionnaire,

non au président seul , mais au tribunal, de l'avis duquel
il sera exercé , sans qu'il puisse s'étendre à ce qui est
défendu par la loi, et nommément à appeler des témoins
dont les noms et qualités ne sont pas connus des accusés,
si l'ordonnance qui les appelle n'est pas rendue et notifiée
à l'accusé, à l'un des jours du débat, pour ne les entendre
que le lendemain.

XXIII.ᵉ *Sur les crimes et délits hors fonctions, des directeurs
du jury , des commissaires accusateurs , des présidens
criminels , et de ceux des tribunaux d'appel , avec attribution
pour le jugement à un tribunal criminel d'arrondissement
d'appel le plus voisin.*

On croit qu'il est préférable d'accorder les fonctions
d'officier de police judiciaire et de directeur de jury, au
président criminel ou à l'un des juges , sur les directeurs
coupables hors de leurs fonctions (car pour les délits
en fonctions, la poursuite doit toujours en rester au commissaire accusateur) ; et au président du tribunal d'appel,
pour les délits, hors des fonctions, du président criminel ou du commissaire accusateur , à la charge de les
renvoyer pour le jugement au tribunal criminel de l'un
des départemens, où siégent les tribunaux d'appel les plus
voisins ; sans préjudice de l'arrestation en flagrant délit ou
à la clameur publique , et des instructions et procès-
verbaux qui seront faits valablement par le juge de paix
du lieu du délit.

Quant aux juges des tribunaux d'appel, leurs délits
seront instruits selon les règles ordinaires ; sauf, pour le
jugement, le même renvoi que dans l'alinéa précédent.

XXIV.ᵉ *Réduction des nullités de la procédure au tribunal
criminel.*

Les nullités à l'égard de toute cette procédure, paraissent devoir être réduites à l'omission des formalités
suivantes :

1.º La notification de la liste des témoins à l'accusé dans le temps prescrit, avec désignation suffisante de leurs personnes, à moins qu'ils n'eussent été entendus par écrit devant l'officier de police ou le directeur ou le président, et que la copie des pièces en eût donné connaissance à l'accusé;

Il est à observer que l'intrigue pouvant obtenir d'un huissier l'omission d'un nom ou d'un domicile de témoin pour préparer une nullité en faveur de l'accusé, il faut ordonner que la copie des listes de témoins ne puisse être signifiée aux accusés qu'après avoir été revêtue d'un *visa* approbatif du greffier;

2.º La copie des pièces à donner à l'accusé;

3.º La nomination d'un conseil à l'accusé qui n'en a pas choisi lui-même, faite à l'époque de son interrogatoire;

4.º La notification du tableau des jurés, et l'interpellation, à lui faite dans les vingt-quatre heures, de proposer ses récusations.

Il lui sera pareillement donné notification du nom des jurés remplaçans; mais il suffira de lui faire connaître, à l'ouverture des débats, ceux qui seront absens à ce moment, soit qu'ils aient été excusés ou non, et ceux qui seront échus en remplacement par la voie du sort, lequel sera tiré en présence de l'accusé, avec sommation de déclarer s'il les accepte ou non.

L'accomplissement de ces formalités sera constaté soit par signification à l'accusé, soit par procès-verbal du greffier.

Au surplus, il paraît également utile que les significations des noms et domiciles des jurés ne soient faites aux accusés qu'après avoir été certifiées par le *visa* du greffier sur la copie.

Quant à la copie des pièces, il convient d'en réduire la nécessité aux pièces qui, comme les déclarations des témoins, n'ont pas été signifiées aux accusés; d'en dispenser formellement les mandats d'arrêt, les ordonnances de prise-de-corps; et de défendre expressément de donner copie aux accusés, des interrogatoires soit d'eux-mêmes, soit de leurs coaccusés, dont la copie ne peut pas être nécessaire aux accusés véridiques, et ne peut servir qu'à ceux qui veulent machiner l'imposture.

Quant au nombre des copies, il n'en sera donné qu'une aux accusés, qui étant pères et enfans, maris et femmes, l'un de l'autre, ne composent qu'une famille ; et à l'égard des autres, il ne sera donné qu'une copie pour trois, à moins qu'ils n'en requièrent expressément une pour chacun d'eux, auquel cas le tribunal en décidera.

Les nullités dont il s'agit ici ne doivent être proposables que par l'accusé en faveur de qui elles sont établies, et jamais contre lui.

Enfin, il semble tout-à-la-fois juste et utile à l'expédition des affaires, que ces mêmes nullités ne puissent être proposées en cassation par l'accusé après le jugement, s'il ne les a pas présentées au tribunal avant ou pendant le débat, lorsque l'accusé a été assisté d'un conseil.

XXVe *Sur les procès-verbaux à lire aux jurés.*

Les procès-verbaux du corps de délit, s'il y en a, doivent être lus à haute voix, comme l'acte d'accusation.

XXVIe *Sur les plaignans ou dénonciateurs , même après désistement.*

Des cas où ils ne peuvent déposer comme témoins.

Il semble qu'on doit exclure les plaignans et dénonciateurs de la faculté de déposer comme témoins, et d'être entendus autrement que comme parties plaignantes et dénonciatrices, ceux même qui se sont désistés dans les vingt-quatre heures, s'ils ont indiqué les noms ou la personne des prévenus, bien qu'ils n'eussent pris part à aucun autre acte de la procédure.

Ils seront entendus avant ou après les débats, et interpellés, mais dans leur qualité de plaignans.

XXVIIe *Sur la suppression du droit de l'accusateur public et de l'accusé, de faire entendre les témoins en présence les uns des autres.*

La faculté donnée par le code à l'accusé et au commissaire accusateur, de faire déposer les témoins en présence les uns des autres, paraît très-dangereuse, et n'est favorable qu'à l'intrigue et au mensonge. Il semble qu'on doit la supprimer, et laisser à la sagesse du tribunal à décider, si l'on pourra interpeller de nouveau un témoin sur quelques articles de sa déposition, après qu'il a entendu d'autres témoins déposer, ainsi qu'à décider, si l'accusé qui n'aurait pas indiqué ses témoins au commencement du débat, pourrait produire ceux qu'il voudrait, pendant le cours du débat, bien qu'ils eussent assisté ou pu assister aux dépositions des autres.

XXVIIIe *Réduction des nullités dans l'examen et débat.*

Toutes les formalités à observer dans l'examen doivent être assurées par avertissement, injonction et amendes à prononcer par le tribunal de cassation.

Mais il n'y aura de nullité que dans cinq cas :

1.° Quand il y aura contravention à la loi à l'égard du nombre et de la capacité des jurés et adjoints, ainsi qu'il sera réglé ci-après ;

2.° Quand ils n'auront pas fait les promesses prescrites par la loi ;

3.° Quand les témoins n'auront pas déposé oralement ;

4.° Quand il aura été entendu des témoins parens de l'accusé au degré prohibé, ou des parties plaignantes ou dénonciatrices avec intérêt ;

5.° Quand, dans les cas nécessaires, il n'y aura pas eu d'interprète, ou que l'interprète n'aura pas fait la promesse exigée.

Ces nullités intéressant également l'accusé et la société,

sont proposables par l'accusé condamné, ou par le commissaire contre l'accusé acquitté ou absous, ou condamné à des peines trop légères.

Et néanmoins ni l'un ni l'autre ne doivent être reçus à les proposer après le jugement, qu'autant qu'ils les auront proposées sans succès au tribunal criminel.

Deux seules exceptions paraissent devoir être apposées à la fin de non-recevoir : l'une par l'accusé, s'il n'était pas assisté d'un conseil ; mais ce cas n'aura jamais lieu si le président est chargé de lui en nommer un, à l'époque même du débat, dans le cas où l'accusé n'en aurait pas un qui l'assistât ;

L'autre par tous deux, s'ils ont pu ignorer devant le tribunal criminel les faits sur lesquels la nullité serait fondée.

Pour éviter toute contestation au tribunal de cassation sur les faits, il est très-important d'ordonner qu'il soit dressé procès-verbal du débat, avec mention de toutes les réquisitions et des jugemens intervenus, et de garantir l'observation de cette forme par la peine d'avertissement, de réprimande, d'injonction, et même d'amende à prononcer par le tribunal de cassation.

XXIX.ᵉ *Observations sur la position des questions au jury de jugement.*

Ici commence la partie de l'instruction la plus importante, dans laquelle aucune des formalités qui doivent être ordonnées, ne peut être violée ou négligée, sans compromettre essentiellement le résultat à obtenir, soit contre le crime, soit en faveur de l'innocence.

L'institution des jurés est une des plus belles conceptions, qu'ait pu inspirer à l'esprit humain l'amour de la liberté réuni au désir de la sûreté sociale. Cette grande idée consiste à confier aux citoyens eux-mêmes la décision des faits en matière de crime, afin que, faisant partie de la société générale, ils voulussent la préserver du danger que le crime lui fait courir, et que, pouvant un jour être placés au rang des accusés, ils considérassent sa cause comme étant la leur. Cette combinaison dans les mêmes hommes, des sentimens les plus efficaces pour assurer la justice et l'impartialité, constitue la nature de cet établissement. Mais il y a des inconvéniens attachés aux plus sublimes idées. Si la morale des jurés n'est pas celle de la loi; s'ils sont placés dans un tel état, qu'ils puissent trouver innocent ce que la loi déclare criminel, ils commettront facilement des injustices. C'est ce qui arrive dans les temps de révolutions et de crises, où les opinions des différens partis deviennent comme un fanatisme, qui ne diffère du fanatisme religieux qu'en ce qu'il est passager et temporaire, mais qui, comme celui-ci, présente à des yeux égarés l'innocence revêtue des caractères du crime, et le crime revêtu de ceux de l'innocence, suivant les factions auxquelles chacun appartient.

Ce péril devient plus grand, si l'on accorde aux jurés le droit de prononcer en général, sur le caractère de méchanceté de l'action, ou sur l'intention du crime : c'est alors qu'on verra quelquefois les actions les plus atroces, le plus évidemment criminelles, justifiées par l'intention supposée, au scandale des gens de bien, et au grand dommage de la société.

Il faut observer encore que les établissemens les plus utiles, sur-tout dans leurs commencemens, ont besoin d'être assujettis à des règles fixes, par lesquelles on prévienne les écarts qui pourraient compromettre dans l'opinion l'établissement même, et finir par priver la société d'une forme précieuse, faute de l'avoir environnée des préservatifs, qui en auraient assuré à-la-fois et la pureté et la durée.

D'après ces différentes vues, on pense que les questions à proposer aux jurés doivent être régularisées, d'une manière plus précise qu'elles ne le sont par le code.

Un *premier ordre* de questions doit tendre à savoir,

sur chaque délit, si chacun des faits qui forment l'objet de l'accusation est constant ou non.

Deuxième ordre. Si chaque accusé est ou non convaincu d'avoir commis chaque délit, ou d'y avoir coopéré, ou d'avoir fait les différens actes auxquels la loi attache le caractère de la complicité.

Troisième ordre. Il faut, avant que les jurés prononcent sur l'intention, qu'ils soient interrogés et répondent sur les faits circonstanciels, qui sont de nature à manifester cette intention. Tels sont, les moyens employés pour l'exécution du crime, la répétition des violences, la barbarie qui les aurait accompagnées.

Quatrième ordre. C'est alors seulement qu'on doit interroger les jurés sur l'intention, non pas du crime ou de la méchanceté en général (genre de question toujours dangereux), mais sur la connaissance que le prévenu a eue du fait, sur le caractère volontaire de son action, et sur l'intention qu'il a eue de faire ce à quoi la loi attache le caractère de délit; rien de plus : car lorsqu'on demande aux jurés, comme l'on fait souvent, si celui qui a fait sciemment et volontairement une action que défend la loi, a eu l'intention du crime, on leur demande équivalemment si le coupable a agi parce que son action était un crime, ce qui n'est presque jamais vrai ; tandis qu'il suffit, pour le punir, qu'il ait agi pour son intérêt, quoique son action fût un crime : ou bien on demande aux jurés si personnellement ils regardent comme crime ce que la loi déclare tel ; question scandaleuse, qui nous a valu tant de déclarations révoltantes, durant les secousses que la révolution a imprimées aux opinions, jusqu'au point de déplacer le crime et la vertu.

Les questions intentionnelles sont la partie la plus délicate de l'institution des jurés. On ne peut trop préciser les idées à cet égard.

Il y a des faits qui, commis sciemment et volontairement, sont des crimes par cela seul ; et dans ces faits, la question du *sciemment* et du *volontairement* est la seule

qu'on

qu'on doive poser : ainsi un homicide commis sciemment et volontairement, c'est-à-dire, avec l'intention de tuer, est un fait qui peut être légal dans l'exécuteur des jugemens, dans le soldat combattant pour la défense de la patrie, un fait qui peut être justifié par la nécessité de se défendre soi-même ou autrui, qui peut être excusé par la circonstance de la provocation violente ; mais qui, hors ces cas, doit toujours être puni. Demander si l'homicide commis *sciemment* et *volontairement* sans provocation, l'a été dans l'intention du crime, c'est donc une question ridicule, on dirait même atroce, et qui donne aux jurés le droit funeste de prononcer l'impunité. Dans un genre plus léger, mais qui n'est pas aussi sans gravité politique, celui qui a abattu un arbre de la liberté, sachant que c'était cet arbre, volontairement et sans contrainte, dans le dessein de le supprimer et non de le remplacer par un autre, a commis un délit, sans qu'il y ait lieu de demander s'il a eu l'intention du crime : demander cela, n'est-ce pas dire aux jurés, Est-ce votre opinion que l'insulte faite au signe de la liberté soit criminelle ! Et l'opinion anti-révolutionnaire des jurés doit-elle être consultée contre la décision de la loi ! Il y a plus d'un exemple de questions de cette espèce, répondues de la manière la plus scandaleuse.

Il y a d'autres faits qui, pour être crimes aux yeux de la loi, ont besoin d'avoir été commis non-seulement sciemment et volontairement, mais avec une intention particulière qui constitue le crime : tel est le vol, par exemple. Le vol n'est physiquement qu'une soustraction ou enlèvement d'effets appartenant à autrui ; mais ce fait de soustraction ne suffit pas pour former le vol, il faut encore l'intention d'en dépouiller le propriétaire, et de les faire tourner au profit d'un autre. Un homme passe devant la maison d'un ami absent ; le feu la consume : il pénètre à travers les flammes, se précipite au tiroir où il sait que sont ses bijoux, cent mille écus de billets au porteur ou de billets de la banque ; il brise le tiroir et les emporte : il l'a fait sciemment, il l'a fait volontairement; mais loin d'en vouloir dépouiller son ami, il a voulu les lui conserver, il les lui a conservés en effet. Certes, ce n'est pas là un vol à punir, mais un bienfait à payer par la reconnaissance. Cette intention, nécessaire pour constituer le crime suivant la loi, doit donc être posée en question, mais il n'en doit être posé aucune autre.

Tels sont les principes, que la loi doit établir clairement et précisément sur les questions intentionnelles.

Il faut cependant ajouter qu'il y a, dans certains crimes, des intentions particulières qui sont déclarées aggravantes par la loi, et qui doivent être posées. Tels sont, le dessein de tuer dans les attaques, coups, violences et blessures, soit que la mort s'en soit ensuivie ou non. Un homme violemment insulté a porté un coup ; ce coup, contre son intention, est devenu mortel : a-t-il eu le dessein de tuer, ou l'homicide a-t-il été volontaire de sa part? c'est une question à poser. Telle est aussi la préméditation en fait d'homicide volontaire ou de meurtre, qui devient alors un assassinat : c'est une question à poser encore. Toute autre question intentionnelle doit être proscrite.

Une observation générale, c'est que l'intention étant la chose du monde la plus personnelle, la question en doit être posée séparément à l'égard de chaque accusé ; elle ne doit jamais l'être impersonnellement, ni supposée dans l'un des coopérateurs ou des complices , sous prétexte qu'elle est constatée à l'égard de l'un des auteurs du crime. Il paraît néanmoins et juste et nécessaire d'imputer à tous l'intention prouvée dans quelques - uns, lorsqu'il s'agit d'une bande de brigands associés pour l'exécution de crimes, comme vols, assassinats, pillages : car alors, quel juré pourrait pénétrer dans l'ame de chacun de ces scélérats! et la loi ne doit-elle pas voir dans eux tous la volonté, le dessein de tuer, la préméditation même dont plusieurs sont convaincus! Tous ces caractères de la complicité, même d'intention, se trouvent dans le fait seul de l'association prouvée. *Idem* en cas de conspiration.

Cinquième ordre. Après ces questions, viennent celles sur chacune des circonstances justifiantes, comme la nécessité de la légitime défense de soi-même ou d'autrui.

Sixième ordre. Doivent suivre les questions sur les circonstances atténuantes ou excusantes, comme la provocation violente en fait de coups et d'homicide ; en observant que ces deux derniers ordres de questions, doivent, comme celle d'intention, être posés sur chacun des accusés, et qu'il n'en doit être posé que sur les seuls faits que la loi déclare porter excuse du crime et délit : car il n'appartient ni aux juges ni aux jurés de créer des excuses que la loi n'a pas adoptées. Ainsi les questions sur la provocation violente, la grande jeunesse de l'accusé, (le dérangement de sa raison au moment du délit), seront posées puisque la loi les admet. Nulle autre que celles de ce genre ne sera proposée, et jamais on ne demandera aux jurés si telle circonstance rend le crime excusable. L'excusabilité est un point de droit dont la décision appartient à la loi seule, et l'application aux juges seuls. Il en est de même de la question si le fait imputé à l'accusé est ou n'est pas amnistiable. Cette question ne dépend que de la disposition de la loi, et de l'application qui en est faite par les juges, aux faits qui forment l'objet de l'accusation et qui sont déclarés par les jurés.

À la suite de ces premières questions sur les circonstances excusantes, seront présentées celles sur les circonstances déclarées aggravantes par la loi. Telles, les blessures, contusions, brûlures, en fait de violences ; et en fait de vol, l'effraction, l'escalade, les fausses clefs, le temps de jour ou de nuit, le lieu comme maison habitée, enclos, rues et chemins publics, la pluralité des coupables, le port et l'usage des armes, la réunion d'un crime avec un autre ; sans qu'il soit nécessaire d'appliquer ces circonstances à chaque auteur, coopérateur ou complice.

C'est un autre principe bon à conserver, que celui qui déclare nulles les questions complexes ; et il paraît qu'on doit expliquer clairement ce que c'est. Elles sont complexes, si elles réunissent ou plusieurs délits, ou plusieurs accusés, ou plusieurs circonstances, ou le fait et l'auteur ensemble, ou le fait avec l'intention, ou plusieurs intentions, ou plusieurs circonstances.

Le vice de ces questions est radical, non-seulement parce qu'elles troublent et embarrassent le jugement des jurés, qui doit toujours être net, précis et simple, mais aussi et sur-tout parce qu'il est impossible que, dans une réponse à plusieurs questions à-la-fois, on soit assuré que, sur chaque partie décomposée, la majorité des jurés est réunie au nombre exigé par la loi.

Il faut seulement remarquer que, si une question complexe a été décomposée en chacun des élémens dont elle était formée, la nullité en est réparée et le vice en est purgé.

Un autre principe encore, relatif aux questions, c'est qu'il n'en doit être posé aucune ni sur des délits, ni sur des accusés qui ne seraient pas compris dans l'acte d'accusation, quoiqu'il puisse en être posé sur des circonstances du même délit, bien qu'elles changeassent le caractère de ce délit. D'un autre côté, tous les accusés et tous les délits portés dans l'acte d'accusation doivent être mis en question, sans néanmoins qu'un accusé condamné pour le délit le plus grave, puisse se faire un moyen de nullité de ce que les questions sur le délit le moins grave, ou également grave, n'ont pas été posées, et sans que l'accusé acquitté de l'un des délits puisse être remis en jugement pour ce même délit.

La question de la récidive ne paraît pas de nature à être jamais posée aux jurés ; car ou le premier crime est prouvé par une condamnation, et alors le jugement le constate, et n'a pas besoin d'être appuyé d'une déclaration ; ou il s'agit d'un second crime commis pendant le cours de la prescription d'un précédent, et alors les jurés étant dans le cas de se déclarer sur l'un et sur l'autre, si leur déclaration est affirmative sur tous deux, par-là même la récidive est prouvée.

Les jurés ne peuvent ni s'expliquer sur des questions qui ne leur auraient pas été proposées, ni se dispenser de répondre à toutes celles qui l'ont été, si ce n'est lorsque la nature de la réponse à une question, les dispense ou les empêche, suivant la loi, de répondre aux suivantes. (Art. 405, 406, 407, 408, 409 et 410.)

Les réponses qu'ils y feraient dans ce cas, sont comme non avenues, à moins qu'à l'égard de chaque délit et de chaque accusé, elles ne fussent inconciliables avec les précédentes.

Car de tous les vices dont une déclaration de jury peut être infectée, le plus grave est l'incompatibilité, la contradiction, la déraison de leurs réponses : le prononcé des jurés doit être respecté comme l'oracle de la vérité ; mais, à la différence des oracles mensongers des prêtres imposteurs, que leurs équivoques et leur non-sens recommandaient autrefois à la vénération superstitieuse des peuples, tout doit être clair, précis, sensé, intelligible et concordant dans une déclaration de jurés ; et la vigilance des juges à rejeter comme nulles, toutes celles qui attesteraient la démence ou la légèreté de la décision, ne servira qu'à perfectionner cette institution admirable, et à augmenter le respect pour un établissement ainsi purifié de ses défauts.

On pense qu'il est bon que les questions, avant d'être posées, soient soumises au commissaire, à la partie plaignante, à l'accusé, à ses conseils, et, après discussion et délibération du tribunal, livrées par écrit au jury, et signées du président.

XXXe *Sur les nullités de la position des questions, et par suite, de la déclaration du jury.*

On pense aussi que toutes ces dispositions consacrées

par la loi, doivent être garanties par les avertissemens, injonctions et amendes, s'il y a lieu, prononcées par le tribunal de cassation : mais de plus, il doit y avoir nullité tant de la position des questions que de la déclaration du jury, si les règles ci-dessus indiquées sur cette position n'ont pas été observées ; nullité de la déclaration seulement, si, sur chaque délit et sur chaque accusé, les jurés ont répondu à d'autres questions non posées ; s'ils n'ont pas répondu, le devant, à toutes celles qui l'ont été ; si leurs réponses sont inconciliables et contradictoires ; si les questions n'ont pas été remises aux jurés par écrit et signées du président.

Comme ces nullités frappent des vices, qui influent sur le fond même de la vérité et sur la foi qu'on doit accorder à la déclaration du jury, l'usage en doit appartenir également et au commissaire et à l'accusé, chacun dans son intérêt, sans qu'il soit nécessaire d'examiner s'ils les ont proposées avant le jugement devant le tribunal criminel, et quand ils l'auraient négligé : car l'intérêt de la vérité passe avant tout, soit en faveur de l'accusé innocent contre les poursuites de la loi, soit en faveur de la loi contre l'accusé coupable.

XXXIe *Sur la déclaration même des jurés, le nombre des voix, et les nullités intrinsèques de cette déclaration.*

Et XXXIIe *A quelles réponses les jurés doivent s'arrêter.*

Il paraît que la déclaration des jurés doit, à quelque époque que ce soit de leur délibération, se former en faveur de l'accusé par quatre voix sur douze, et contre lui par le concours de neuf ; quand les adjoints ont été réunis aux jurés, la décision favorable à l'accusé, se formera par cinq voix, et contre lui par le concours de onze.

Au lieu des articles 390 et 395, il suffira de dire :

« Si les jurés déclarent que chaque fait formant l'objet

de l'accusation n'est pas constant, ils s'arrêtent là à l'égard de ce fait ; s'ils déclarent que l'accusé n'est pas convaincu du fait ou de la complicité, ils s'arrêtent là encore : sinon, ils répondent sur toutes les questions intentionnelles, et sur toutes les circonstances, soit atténuantes, soit aggravantes, à moins qu'ils n'aient déclaré constante la circonstance légalement justifiante ; auquel cas ils s'arrêtent encore à ce point. »

Il faudra ordonner que procès-verbal soit dressé de la délibération du jury, par le commissaire et le juge commis, et qu'il soit préalablement soumis au tribunal en la chambre du conseil, pour annuller ou confirmer cette délibération dans la forme.

Les nullités se réduiront à l'omission des formalités suivantes :

1.º La nomination d'un juge qui recevra les déclarations des jurés avec le commissaire ;

2.º La formule de prononciation de chaque juré ;

3.º Le nombre de voix nécessaire pour valider la déclaration ;

4.º La prononciation du résultat par le chef ou celui qui le remplace, lequel le signe et le remet au président.

Les autres formalités ne seront garanties que par avertissement, injonction et amende.

Les nullités seront communes au commissaire et à l'accusé, qui pourront les faire valoir en cassation, quelque conduite qu'ils aient tenue devant le tribunal criminel.

XXXIII.ᵉ *Sur la nature des délibérations des adjoints.*

Si les juges, dans le cas où l'accusé est convaincu, sont d'avis unanime d'une nouvelle déclaration avec adjoints, il ne pourra, à l'égard de chaque accusé et de chaque délit, être établi aucune division des réponses du jury, pour appliquer la nouvelle délibération à l'une et non pas à l'autre ; mais il sera passé nouvelle déclaration sur le tout, sans que, néanmoins, en aucun cas, la peine de l'accusé puisse devenir plus grave que celle qui résultait de la première déclaration.

XXXIV.ᵉ *Sur la manière dont l'acquittement doit être délibéré.*

En cas d'acquittement par le jury, l'accusé sera mis en liberté, non sur une simple ordonnance du président, mais sur délibération du tribunal et après conclusions sur le sens véritable, la concordance de la déclaration du jury et sa validité au fond, d'après les règles ci-dessus établies.

XXXV.ᵉ *Sur les moyens de cassation tant pour le commissaire que pour l'accusé.*

Toute contravention du jugement aux lois, ou toute fausse application, sont des moyens de nullité proposables dans tous les cas, soit par le commissaire, soit par l'accusé.

Il paraît utile que la loi résume ici les moyens recevables sur le pourvoi de l'accusé et du commissaire :

Pour l'accusé, 1.º les nullités de procédure qu'il a fait valoir au tribunal criminel sans succès, et toutes, sans distinction, s'il n'avait pas de conseil ; 2.º les nullités résultant de la position des questions, des déclarations du jury au fond, des vices de forme de la déclaration ; 3.º les nullités qui résultent des vices de forme dans le jugement ; 4.º les contraventions aux lois et les fausses applications au fond.

Pour le commissaire, 1.º les nullités qu'il a proposées au tribunal ; 2.º celles qui résultent des vices de la position des questions, des vices de la déclaration au fond, des vices dans la forme ; 3.º celles qui naissent des vices du jugement dans la forme ; 4.º celles qu'élève la contravention aux lois ou leur mauvaise application au fond ; 5.º la nullité d'un jugement qui acquitterait l'accusé non acquitté par le jury.

Quant à l'incapacité ou irrégularité de la formation des jurés, on énoncera par la suite ce qui concerne cet objet.

XXXVI.ᵉ *Sur les moyens de cassation de la partie plaignante.*

Et XXXVII.ᵉ *Sur la prononciation des dommages et intérêts.*

C'est ici l'une des questions les plus délicates de la procédure criminelle.

Un plaignant qui succombe est débouté des dommages et intérêts qu'il demande : il peut être condamné à des dommages et intérêts envers l'accusé.

Il ne doit pas être admis à se plaindre de ce que l'accusé condamné est soumis à une peine trop légère; cela ne regarde que la loi et son organe : il ne peut pas même se plaindre de ce qu'il aurait été acquitté ou absous, s'il n'en résulte pas contre lui plaignant, ou la condamnation à une indemnité, ou la perte de celle qu'il demandait. Mais, dans ces deux cas, sera-t-il sans ressource pour faire anéantir le jugement en ce qu'il le condamne ou le déboute? et le pourra-t-il sans attaquer l'absolution ou l'acquittement, comme seule cause du dommage qu'il éprouve? Cela est très-embarrassant; et c'est, d'un côté, une injustice d'imposer silence au plaignant, quand il y a des nullités; de l'autre, un scandale, à remettre en péril, pour des intérêts privés, la personne et l'honneur d'un accusé délivré.

On sent que tout ceci ne s'applique qu'aux plaignans ou dénonciateurs qui ne se sont pas désistés dans les vingt-quatre heures; car ceux-ci ne peuvent ni demander de dommages et intérêts, ni en supporter, hors le cas de calomnie volontaire constatée.

En matière de police correctionnelle, il est possible que le plaignant escroqué perde la totalité, la moitié, une grande partie de sa fortune. Dans cette matière, on n'a point à combattre, en admettant le plaignant à se

pourvoir, le respect qu'il faut conserver pour une déclaration du jury; tout est l'ouvrage des juges seuls. Il
paraît qu'on doit en conclure que rien ne s'oppose, en
ce cas, au pourvoi du plaignant; mais pour éviter tous
les doutes, il faut le dire, et ce qui est le plus juste en
ce cas, c'est que le plaignant ne puisse faire valoir en
cassation que les moyens qu'il a fait valoir devant le
tribunal criminel, et ceux qui résultent de la contravention du jugement aux lois, ou de ses nullités dans
la forme. Si le jugement est cassé sur ce pourvoi, l'accusé sera, sans difficulté, remis en jugement.

En matière de grand criminel, voici les principes qui
paraissent concilier le mieux l'intérêt de la partie civile
et ceux de l'accusé : on propose de les adopter.

S'il y a des nullités particulières dans le jugement ou
la partie du jugement qui prononce sur les intérêts civils,
il n'y a aucun doute que le plaignant peut les faire valoir, et obtenir la cassation à cet égard.

Dans le cas, au contraire, où la nullité de la prononciation sur les intérêts civils dépend uniquement du
jugement prononcé sur le crime, le plaignant pourra
demander cette cassation, en appelant l'accusé pour défendre à sa demande.

N. B. Si, au contraire, le plaignant propose contre le jugement
d'acquittement ou d'absolution, des moyens tirés de ce que la déclaration du jury n'acquittait réellement pas, ou que cette déclaration était
incohérente et contradictoire, ou que l'acquittement n'a pas porté sur
tous les délits, objet de l'accusation, la cassation obtenue par ces
moyens, produira tout son effet, même contre l'accusé, qui sera
remis en jugement sur tous les délits desquels il n'aura pas été nommément et réellement acquitté.

Il en sera de même si les faits dont l'accusé a été convaincu, ont été
mal à propos déclarés non défendus par la loi. Cette contravention du
jugement à la loi pourra être proposée par le plaignant, et opérer
la cassation avec tout son effet.

Ces deux règles ont été proposées dans les conférences : le plus grand
nombre les a adoptées; mais elles ont été vivement combattues, en
sorte qu'elles présentent encore une question délicate à l'examen des
législateurs.

Mais, 1.º il sera non recevable à proposer d'autres moyens que ceux qu'il aura présentés au tribunal criminel, sans succès, soit contre la procédure, soit contre la position des questions, soit contre la forme de la déclaration du jury.

2.º S'il parvient à faire casser sur ces moyens, l'accusé ne sera pas remis en jugement, mais le prononcé sur les intérêts civils sera anéanti dans tous ses effets; et l'affaire, quant à ces intérêts, sera renvoyée et jugée dans un tribunal civil.

Si l'accusé condamné à une peine et à des dommages et intérêts, s'est pourvu en cassation, il dépend du plaignant qui les a obtenus, d'intervenir et de s'opposer à la cassation pour son intérêt : mais s'il n'est pas intervenu, il ne pourra former opposition au jugement de cassation qui aura été rendu ; il sera censé avoir eu connaissance suffisante du pourvoi du condamné, par sa déclaration faite au greffe.

Il est difficile de comprendre les raisons pour lesquelles le code ne veut pas que l'accusé acquitté obtienne du tribunal criminel, des dommages et intérêts contre le plaignant; et pour lesquelles il veut que l'accusé absous des faits comme non défendus par la loi, obtienne ses dommages et intérêts, mais seulement par le jugement même qui l'absout, et non par autre.

On pense que, dans les deux cas, le tribunal criminel peut et même doit prononcer sur les indemnités qui ne sont que l'accessoire de la question du crime; et que, dans les deux cas aussi, rien de raisonnable ne s'oppose à ce que le tribunal criminel, après avoir statué sur le crime, prononce, s'il y a lieu, un délibéré pour statuer sur les intérêts civils : mais, dans ce dernier cas, le plaignant doit avoir le droit de se pourvoir contre le jugement du crime, dans les vingt-quatre heures. Dans le cas où le plaignant ne demanderait ni restitution, ni indemnité contre l'accusé, le pourvoi de ce plaignant, ou s'évanouira , s'il n'y a pas de condamnation qui intervienne contre lui , ou il sera poursuivi s'il en intervient une.

Le plaignant ou le dénonciateur, bien qu'il se soit désisté dans les vingt-quatre heures , doit pouvoir être condamné aux dommages et intérêts , si, d'un côté, la déclaration indique les prévenus , et si de l'autre elle est jugée téméraire, et, dans tous les cas, si elle est reconnue et jugée avoir été dictée par une calomnie volontaire. A l'égard de celui même qui ne s'est pas désisté dans les vingt-quatre heures , si le prévenu dénoncé a été mis en accusation par le jury, et s'il n'y a pas, contre le plaignant ou dénonciateur, des preuves de calomnie, il ne doit pas être condamné aux dommages et intérêts, pour cela seul que l'accusé a été acquitté, ou pour cela seul que les juges auraient reconnu, au moment du jugement, que le fait n'est pas défendu par la loi. Car le juge de paix en donnant le mandat d'arrêt, le directeur en dressant l'acte d'accusation , le tribunal criminel en traduisant au jury de jugement, auraient partagé l'erreur du plaignant.

Le jugement de la témérité de l'accusation ou de la calomnie , serait de la compétence des juges seuls , s'il n'entraînait qu'une condamnation de dommages et intérêts ; mais si les juges pensaient que la calomnie fût telle qu'elle dût entraîner peine afflictive ou infamante , il serait commencé, contre le plaignant ou dénonciateur, une instruction , dans laquelle le directeur du jury qui aurait instruit l'affaire principale, remplirait immédiatement la fonction d'officier de police judiciaire.

Quelque opinion que l'on ait sur les calomnies imprimées et leur punition, il est certain que les accusations réellement calomnieuses doivent être soumises à des peines, au moins égales à celles du faux témoignage en matière criminelle.

XXXVIIIe *Sur la formation des jurés ; le tirage et notification ; le personnel des jurés ; réduction des nullités à cet égard.*

On pense qu'il n'y a nulle raison solide à rendre la fonction de juré incompatible avec celles de maire et adjoint, ou d'assesseur de juge de paix, sur-tout s'ils sont étrangers à la commune ou à l'arrondissement où le crime a été commis ; et on serait surpris si l'on savait combien de fois cette incompatibilité, établie par le code, donne lieu à des cassations, et à des frais à la charge de la République.

Il faudra refondre ce qui regarde la formation de la liste du jury, conformément aux dispositions de la loi du 6 germinal an VIII.

Mais comme il n'y a rien de plus important que la bonne composition de la liste du jury, on croirait devoir y faire quelques changemens.

1.° Le juge de paix devrait faire la liste avec ses assesseurs, et de leur avis.

2.° Ils devraient, sur cinq nommés, en indiquer un qui fût le plus éclairé et le plus patriote, pour entrer dans la liste du jury spécial, ce qui éviterait le grand inconvénient de cette espèce de jury qui est aujourd'hui nommé pour chaque affaire, ce qui ouvre une large carrière à des abus démontrés par l'expérience.

3.° La réduction aux deux tiers serait faite par le sous-préfet, avec son conseil de sous-préfecture.

4.° Le préfet, au lieu de réduire le nombre qui reste à moitié par la voie du sort, en retrancherait un quart par délibération prise avec son conseil de préfecture, et l'autre quart serait retranché par la voie du sort ; ce qui est une combinaison du sort et du choix, éprouvée très-utile par plusieurs républiques.

5.° Les listes formées par le préfet, tant des jurés ordinaires que des jurés spéciaux, seraient imprimées, et envoyées à ceux dont les noms y seraient inscrits.

Le tirage ordinaire se ferait sur tous les jurés ordinaires et spéciaux, en ôtant la nécessité de le faire *le décadi ;*

Et l'on substituerait, contre les absens, la peine de la loi du 10 germinal an V, à celle du code, qui déjà est abolie.

Un grand inconvénient du tirage de douze jurés et de trois adjoints seulement, c'est que les jurés tombés en remplacement des jurés absens, ne sont ordinairement connus de l'accusé que le jour même du débat, et que l'accusé n'a le temps ni de les bien connaître, ni de les récuser en connaissance de cause.

Il faut bien se soumettre à cet inconvénient pour les jurés remplaçant les jurés absens ce jour-là : mais on doit, autant qu'il est possible, éviter d'y laisser l'accusé exposé. On pense qu'on y échapperait en très-grande partie, si, au lieu de douze jurés et de trois adjoints seulement, on tirait, pour chaque session, cinquante jurés, sur lesquels les accusés du même délit pourraient en récuser dix sans motif; car ce nombre paraît suffisant au lieu de vingt; sans préjudice des récusations motivées : il en resterait ordinairement quarante adoptés par les accusés, et parmi lesquels seraient tirés les quinze nécessaires au jugement, et les suppléans, s'il y en avait à nommer aux termes de la loi du 25 brumaire an VIII. Les jurés qui s'excuseraient et dont les excuses seraient admises depuis ce tirage, ainsi que ceux qui, sans s'être excusés, manqueraient au jour du débat, seraient remplacés par des jurés tirés au sort, parmi les vingt-cinq ou vingt-deux qui resteraient, et qui auraient été adoptés par les accusés avec une suffisante réflexion; car on aurait soin, parmi les cinquante premiers, d'en tirer au sort au moins dix, parmi ceux qui seraient résidans dans la commune où siége le tribunal criminel, puisque ceux-ci seuls peuvent servir subitement à remplacer ceux qui manquent au jour du débat, sans s'être préalablement excusés.

Il n'y aurait à notifier spécialement, le jour du débat,

avec interpellation de les récuser s'il y avait lieu, que ceux de la commune qui se trouveraient appelés à remplacer des absens, outre ceux inscrits sur le premier tableau. Les accusés n'auraient à proposer contre eux que des récusations motivées; et cela réduirait presque à rien l'inconvénient dont on vient de parler.

Dans les cas attribués au directeur du jury, où la loi veut qu'on emploie des jurés spéciaux, le tirage ne se fait qu'entre ceux qui, d'après ce qui vient d'être dit, sont sur la liste des jurés spéciaux; et l'on doit suivre les mêmes formes que pour les jurés ordinaires : si ce n'est que le tirage ne sera que de trente; que les accusés n'en pourront récuser que six sans motif; que le nombre nécessaire des jurés résidant dans la commune du tribunal criminel ne sera que de quatre; et qu'à défaut de jurés spéciaux résidant dans la commune, les remplaçans des absens, au jour du débat, seront tirés parmi les jurés ordinaires de cette commune, lesquels, tombés au sort, seront notifiés aux accusés le jour du débat, et récusés par eux s'il y a lieu, mais seulement avec motif.

Les seules nullités, à l'égard du personnel des jurés, seront :

1.° Le défaut de tirage public au sort;

2.° L'interdiction au juré d'accusation, d'être juré de jugement dans la même affaire;

3.° L'incapacité personnelle des jurés.

Ces nullités ne pourront être proposées par le commissaire ou par l'accusé que dans deux cas :

L'un, s'ils les ont proposées sans succès au tribunal criminel ;

L'autre, si, depuis la formation des listes par le préfet, les jurés sont tombés dans une incapacité que le commissaire ou l'accusé aient pu ignorer, ou si, à leur insu, ils étaient parens au degré prohibé, soit de l'accusé, soit du plaignant ou dénonciateur.

Il sera en conséquence, à l'ouverture du débat, proposé une question à chaque juré sur cette parenté.

Toutes les autres formalités, de même que celles prescrites à peine de nullité, seront garanties par avertissement, injonction et amende.

XXXIXe *Sur les contumaces.*

Il semble nécessaire de remplir une lacune du code. Un contumax ne doit pas avoir le droit de se représenter, sans fin et sans terme, pour faire tomber son jugement; et le terme qu'il faut lui assigner pour pouvoir purger la contumace, paraît raisonnablement fixé à cinq ans par l'ordonnance de 1670, qu'il semble bon de renouveler à cet égard.

On serait d'avis de faire main-levée des biens du contumax à ses héritiers, après trente ans de la condamnation, ou lorsque le contumax aurait atteint l'âge de quatre-vingts ans, si l'on n'avait pas de ses nouvelles; le tout sous caution suffisante, et par provision seulement.

Il paraît juste de condamner, dans tous les cas, le contumax, même absous après représentation de sa personne, aux frais qu'il a occasionnés par sa contumace, et de ne condamner le plaignant qui a succombé, à ces frais de contumace, que subsidiairement.

XLe *Sur la matière du faux.*

La seule intention nécessaire pour rendre le faux criminel, n'est pas l'intention vague de le faire avec méchanceté et de nuire à autrui. Ces mots du code pénal ont donné lieu à d'étranges écarts de la part de quelques jurés. Il est arrivé que de faux passe-ports, de faux actes de naissance fabriqués pour des conscrits, de faux ordres présentés pour voir un prisonnier, n'étant nuisibles qu'à la République, à la police, à la loi, ont été déclarés n'avoir pas été commis méchamment et dans le dessein de nuire à autrui; et de là, des prévenus ont été mis hors d'accusation, des accusés ont été acquittés. Voilà ce qu'on n'imaginait pas quand la loi a été faite; et voilà té que l'expérience seule peut apprendre. La vraie intention qui constitue le crime dans la fabrication du faux, c'est l'intention qu'il en soit fait usage pour l'intérêt du faussaire ou d'autrui. Et en effet, on a justement reconnu criminel celui qui fait usage du faux, sachant que c'est un faux : mais cette décision juste est en contradiction avec ce que la loi dit à l'égard du faussaire lui-même.

En matière de fausse monnaie, suivant le code pénal, II.e part., tit. I.er, sect. VI, art. I.er, il suffit, pour punir, du fait seul de la contrefaction ou altération des espèces, ou de l'exposition et introduction de la fausse monnaie, faites *sciemment* ; en tout autre faux, il doit suffire aussi de l'intention de faire usage de ce faux pour soi-même ou pour autrui. Et si l'on en a usé en effet *sciemment*, toute autre intention est superflue : le crime est là.

Les scellés doivent être apposés sur les effets du fabricateur de fausse monnaie ; et les officiers qui en sont chargés, doivent être déclarés responsables de leur négligence envers la République, puisque la confiscation est ordonnée, et justement ordonnée en ce cas.

XLI.e *Point de renvoi, en cas de cassation, devant l'officier de police.*

Il ne devrait jamais y avoir de renvoi devant l'officier de police judiciaire, si ce n'est dans le cas où toute la procédure, ainsi que le mandat d'arrêt, sont viciés par le caractère trop léger du délit, et jamais dans un autre cas, puisque la nullité du mandat d'arrêt ne doit pas faire tomber la procédure régulière qui a suivi, et puisque, s'il s'agit d'une formalité omise par le juge de paix, comme le paraphe, en matière de faux, cette nullité peut être réparée par celui du directeur.

XLII.e *Sur les cas et circonstances donnant lieu à cassation.*

Il est très-essentiel de fixer d'une manière précise les cas où la cassation peut être prononcée d'après les règles ci-dessus établies, en ajoutant que tous les actes viciés par défaut ou excès de pouvoir, ou par incompétence des officiers et des juges, seront pareillement annullés.

Il est utile de dire dans la loi,

Que les nullités reconnues par le tribunal, bien que non proposées par les demandeurs, leur profitent, quand leur pourvoi est régulier;

Que la cassation peut être prononcée à l'égard d'un accusé, déclarée non recevable ou rejetée à l'égard d'un autre; et de même à l'égard de l'un des délits, et non d'un autre;

Qu'enfin l'omission par un tribunal de prononcer et d'exécuter une formalité sur la réquisition du commissaire ou de l'accusé, ne donne pas lieu à cassation, si la forme requise n'est pas prescrite à peine de nullité ;

Mais qu'à l'égard des nullités réelles proposées au tribunal qui ne les a pas adoptées, elles entraînent la cassation de tout ce qui a suivi, et du jugement même.

On croit qu'il faut laisser subsister la nullité que le code attache au défaut de prononciation sur quelque réquisition de l'accusé, du commissaire du Gouvernement, et ajouter, de la partie plaignante.

Sur le pourvoi en cassation du commissaire, l'accusé peut intervenir et se défendre : il pourra même former opposition au jugement rendu sans qu'il ait été entendu.

La partie plaignante pourra de même intervenir sur le pourvoi de l'accusé qui aurait été condamné aux dommages et intérêts, mais non former opposition au jugement, s'il a été rendu.

XLIII.ᵉ *Sur les moyens d'observation des formes prescrites soit à peine de nullité, soit autrement.*

Il faut, pour assurer l'observation des formes prescrites avec ou sans la peine de nullité, que le tribunal de cassation soit investi du droit de donner les avertissemens, faire les réprimandes, prononcer les injonctions et amendes nécessaires, soit contre les président et juges

du tribunal criminel et le commissaire, soit, en cas que
le tribunal criminel ait négligé de réprimer celles com-
mises par ses inférieurs, contre les directeurs du jury,
les juges de paix et autres officiers de police; et à cet
effet, s'il y a lieu, faire citer devant lui ceux qui auront
mérité ces censures ou ces peines, lesquelles pourront
aussi être prononcées sans citation, sauf l'opposition des
officiers et des juges.

Il convient de fixer les limites dans lesquelles les
amendes devront être renfermées pour chaque contravention, soit qu'elles soient prononcées par les tribunaux
criminels ou par le tribunal de cassation:

De 1 à 2 fr. pour les gardes champêtres et forestiers;
De 10 à 20 fr. pour les membres des tribunaux criminels.

Et entre ces sommes,

1ᶠ 50ᶜ à 3 fr. pour les sous-officiers et gendarmes;

3 à 6 fr. { pour les officiers de gendarmerie;
{ pour les commissaires de police;

5 à 9 fr. pour les juges de paix;

6 à 12 fr. pour les directeurs de jury.

Il paraît utile que le tribunal de cassation puisse faire
connaître au Gouvernement, même au public par la voie
de l'impression, les noms des officiers et juges qui, dans
un certain temps déterminé, se seraient attiré trois fois
ces censures ou ces peines.

XLIV.ᶜ *Sur le pourvoi du commissaire près le tribunal
de cassation.*

Les nullités découvertes par le tribunal de cassation,
lorsqu'il n'y aura point eu de pourvoi, ou lorsque le
pourvoi sera non recevable, seront prononcées et les
actes annullés sur les réquisitions du commissaire près
le tribunal, pour l'honneur et l'intérêt de la loi, et pour
l'instruction des juges, sans aucun effet à l'égard des
parties, si ce n'est quand ces nullités résultent d'une

contravention à la loi dans le jugement au préjudice de l'accusé ; auquel cas le condamné en profitera. Et régulièrement, si le jugement seul est annullé pour avoir absous, contre la loi, l'accusé, du fait dont il est convaincu, ou pour l'avoir condamné à une peine plus légère que celle de la loi, cette cassation devrait aussi remettre l'accusé en jugement : la raison le veut ainsi, l'humanité semble y répugner. On croit, à ce dernier égard, qu'il est de la sagesse du Gouvernement de ne pas proposer d'étendre jusque-là la conséquence.

Dans le cas contraire, où, sur le réquisitoire du commissaire en cassation, quelque acte de la procédure ou la déclaration du jury auraient été annullés, l'accusé, à qui il en sera donné connaissance, aura l'option ou de subir la peine prononcée, ou de faire instruire et juger de nouveau, à partir du premier acte annullé.

Si le tribunal de cassation juge que, d'après les faits constatés par la déclaration du jury, le délit dont les accusés sont convaincus est compris dans l'amnistie prononcée par les lois, il cassera le jugement ; il cassera même l'acte d'accusation et tout ce qui a suivi, si cet acte porte sur un fait amnistié, auquel l'instruction et la déclaration du jury n'aient pas donné un autre caractère : dans ces cas, le tribunal de cassation ne prononcera aucun renvoi, l'objet de la loi d'amnistie étant d'éteindre même la procédure.

XLV.ᵉ *Sur les prévarications des juges et officiers de police en fonctions, et sur les prises à partie.*

Il est nécessaire que les commissaires du Gouvernement soient chargés de l'informer des prévarications et délits des officiers de police et des juges dans leurs fonctions, qui emporteraient ou forfaiture ou autres peines afflictives ou infamantes, pour que le Gouvernement les fasse dénoncer par son commissaire au tribunal de cassation, qui procédera contre eux selon les formes de la loi du 27 ventôse, sans que les juges puissent être poursuivis, en ce cas, d'aucune autre manière.

Il faut expliquer par la loi, 1.° que le jugement du tribunal de cassation qui permettra la prise à partie, renverra devant un tribunal civil, correctionnel ou criminel, suivant que le fait ne donne lieu à aucune peine publique contre la personne du juge, ou qu'il donne lieu soit à une peine correctionnelle, soit à une peine afflictive ou infamante; 2.° que, dans ce dernier cas, l'affaire est préalablement soumise aux formes de la loi du 27 ventôse; et que, si elle finit par être renvoyée à un tribunal criminel, ce tribunal jugera en même temps la prise à partie.

Signé TARGET, MURAIRE, Fr. BUSSCHOP, CHASLE, AUMONT, VALLÉE, DELACOSTE, BASIRE, HENRION, PORRIQUET, RIOLZ *et* BOYER, *commissaires.*

OBSERVATIONS *détachées sur quelques points de la procédure criminelle.*

Code de brumaire an IV. Art. 2. S'il intervient une loi plus douce entre le crime et la condamnation, le crime ne sera puni que de la nouvelle peine plus légère.

Art. 6, 7 et 8. Si l'action civile n'a pas été intentée avant l'absolution au criminel, cette action s'évanouit ; si elle a réussi avant la poursuite criminelle commencée, l'absolution postérieure n'anéantira pas le jugement.

Art. 64. Il vaut mieux ordonner que les interrogatoires se feront le plutôt possible, que de prescrire la règle de vingt-quatre heures, qui ne s'observe pas.

Art. ajouté. Quand d'autres officiers de police que les juges de paix ont fait les procès-verbaux, ceux-ci peuvent les renouveler.

Art. ajouté. Le juge de paix et le directeur doivent pouvoir commettre tel officier public qu'ils voudront pour faire les visites domiciliaires.

Art. ajouté. Il faut permettre au juge de paix de retenir les prévenus amenés, en lieu sûr, indiqué par l'administration, pendant trois jours ou cinq jours, et non plus, pour se déterminer entre la mise en liberté et le mandat d'arrêt.

Art. ajouté. On pense qu'il ne peut excéder ces cinq jours à peine d'avertissement et réprimande du directeur du jury, et même, s'il y a lieu, d'injonction ou amende du tribunal criminel, ni excéder dix jours, à peine de forfaiture, si, dans l'un ou l'autre cas, le juge de paix n'en a requis ou obtenu formellement la permission du directeur du jury, qui ne l'accordera que dans les circonstances qui lui paraîtront exiger indispensablement cette prorogation.

Art. 115 et 116. La présence des prévenus arrêtés, à l'audition des témoins par l'officier de police, ne doit avoir lieu qu'après l'interrogatoire, et dépendre même de la prudence de l'officier : on pense que cette présence, ne pouvant que gêner le témoin, ne doit point être exigée, et qu'il suffit de donner après à l'accusé la lecture de la déclaration.

Art. ajouté. Il doit dépendre du juge de paix et du directeur, de ne pas donner de mandat d'amener avant celui d'arrêt, à l'égard des vagabonds, même des non domiciliés dans l'arrondissement communal.

Art. 151 et 152. On pense que le premier assesseur doit présider le tribunal de police en l'absence du juge de paix, mais jamais faire fonctions d'officier de police judiciaire.

Art. 159. Aux tribunaux de police et correctionnels, la partie condamnée par défaut doit notifier à l'autre qu'elle se présentera à la prochaine audience pour faire rapporter le défaut.

Art. 162. Il faut, dans les deux tribunaux, accorder à la partie une seule remise pour préparer ses défenses et faire entendre ses témoins, et seulement ordonner qu'après l'instruction faite, le jugement doit se rendre à la même audience ou à la suivante.

Art. 185. Le greffier, dans les deux tribunaux, doit tenir ses notes sous la direction du président, et en envoyer copie certifiée au tribunal d'appel.

Art. 193. Il est utile que les appels ne puissent être interjetés avant six jours, ni après douze de la prononciation des jugemens, ou de la signification de ceux par défaut.

Art. 202. Il faut qu'en matière correctionnelle, si le mandat d'arrêt est annullé, on ne renvoie pas devant un autre juge de paix, mais que le président du tribunal criminel prononce un nouveau mandat d'arrêt.

Art. 205. Il convient, dans les matières de police et correctionnelle, que le commissaire du Gouvernement ait toujours un délai de trois jours pour se pourvoir en cassation, comme le prévenu et la partie plaignante.

Art. 217 et art. ajouté. Il faut dire que les mandats d'arrêt donnés par le directeur contre des complices, ou même contre le principal prévenu, sans annuller le mandat d'arrêt délivré par le juge de paix, seront valables.

Art. 222. Il est bon d'ordonner qu'on ne mettra jamais en liberté, sous cautionnement, les vagabonds, gens sans aveu, suspects ou mal intentionnés, aux termes de la loi de juillet 1791.

Art. 259. Il est important que la nullité de l'ordonnance de prise-de-corps, faute de désignation suffisante de l'accusé, ne soit jamais accueillie ; que lorsqu'il y a eu erreur alléguée et prouvée sur la personne.

Art. 261. L'avertissement à donner aux municipalités du domicile, et du lieu du délit, est bon ; mais il ne doit être ordonné que sous peine d'avertissement, injonction, réprimande et amende.

Art. 501. *Idem* de la liste du jury à envoyer au tribunal.

Art. 265 et 272. Il faudra remplacer les articles premiers du titre des tribunaux criminels, par l'extrait des dispositions à ce relatives dans la loi du 27 ventôse an VIII.

Art. 315. Il faut que le président criminel soit autorisé à faire, au besoin, remplir ses fonctions par l'un des juges.

Art. 278 et 301. Modifier la règle générale qui ne livre au tribunal criminel que les accusations admises, par celle qui attribue au commissaire accusateur les affaires des rebelles pris hors des rassemblemens (car on croit la loi du 30 prairial encore subsistante), et par le recours à établir contre les nullités de la déclaration négative du jury d'accusation.

Art. 283 et 288. Ordonner que les surveillans des officiers de police dénonceront au commissaire du Gouvernement près le tribunal de cassation, leurs prévarications dans leurs fonctions.

Art. 303 et 314. Il faut que le greffier du directeur du jury fasse un acte pour constater l'option faite d'un tribunal par l'accusé, quand il a ce droit.

Art. ajouté. L'accusé doit être, à l'interrogatoire, averti

de proposer, dans les trois jours, ses moyens de nullité contre la procédure devant le directeur.

Art. ajouté à l'art. 321. On doit notifier au conseil de l'accusé sa nomination, avec invitation au nom de l'honneur et de la conscience. Si l'accusé n'a pas de conseil assistant au débat, le président doit lui en nommer un sur-le-champ.

Art. 325 et 326. Le tribunal doit, dans tous les cas, examiner la nullité de la procédure devant le directeur.

Art. 327 et 330. La nullité du mandat d'arrêt ne doit jamais influer sur la procédure régulière subséquente.

Art. 346. L'accusé qui, assisté d'un conseil, a souffert qu'un témoin soit entendu au débat, sera présumé l'avoir connu.

Art. 367. Ce doit être au tribunal, et non au président seul, à faire mettre un témoin suspect en arrestation.

Art. 368 et 369. Le président avertira l'accusé qu'il a droit de récuser l'interprète.

Art. 372. Perfectionner l'instruction à lire au jury de jugement.

Art. ajouté. Si le commissaire au tribunal criminel a proposé des nullités non accueillies par le tribunal, il sera sursis vingt-quatre heures à la mise en liberté pour le pourvoi en cassation.

Art. 445. Il paraîtrait plus utile de faire les exécutions dans la commune du directeur du jury, que dans celle du tribunal criminel.

Art. ajouté. Le meilleur remède à l'inconvénient de priver l'accusé de son droit de récusation du jury, c'est d'en tirer cinquante au lieu de quinze, de ne permettre de récusation péremptoire que pour dix, de prendre tous les remplaçans dans les non récusés. Il en résulte un grand bien, c'est que l'accusé ne connaissant pas ses vrais jurés avant le débat, ne peut les pratiquer.

Art. ajouté. On a bien de la peine à croire qu'on puisse sans danger prendre au sort les jurés d'accusation dans les listes communales, qui montent ensemble à cinq ou six cent mille, ce qui en fournit quinze cents par arrondissement.

Art. ajouté. Le pourvoi en cassation ne doit être formé que par la partie elle-même ou son fondé de pouvoir spécial, si ce n'est en cas de condamnation à mort, où le conseil pourra déclarer ce pourvoi.

Art. ajouté. Ordonner que le greffier enverra toutes les pièces, sinon supportera les frais des interlocutoires rendus en cassation, et de l'envoi des pièces oubliées.

Art. ajouté. Charger le tribunal de cassation, sur son honneur et conscience, de juger le plutôt possible ; ce qui vaut mieux qu'un délai préfix, impossible à observer.

Art. ajouté. Point de renvoi de cassation à un officier de police judiciaire, si ce n'est en cas d'annullation de toute la procédure pour légèreté du délit.

Art. ajouté. Prononcer que la cassation sur un pourvoi régulier, peut être fondée sur moyens non proposés.

Art. ajouté. Qu'elle peut avoir lieu à l'égard d'un accusé, ou d'un délit, ou d'une série de questions, et non des autres ; que la réquisition au tribunal criminel, d'une formalité non prescrite à peine de nullité, ne crée pas une nullité.

Art. ajouté. Donner à la partie plaignante et à l'accusé permission d'intervenir, même, au dernier, de former opposition au jugement de cassation qui lui nuit, s'il a été rendu sans lui.

Art. ajouté. En cas d'amnistie, le tribunal de cassation pourra la juger, casser sur ce fondement, et ne renvoyer nulle part ; car l'amnistie éteint même toute procédure.

Art. ajouté. On croit convenable d'ordonner que les avoués, réunis en présence du commissaire du Gouvernement près le tribunal criminel, choisiront entre eux un certain nombre d'avoués, chargés, sur leur honneur et conscience, de défendre les accusés à la défense desquels ils auront été appelés par le président du tribunal.

Art. ajouté. On pense aussi qu'il faut supprimer l'emprisonnement d'une décade, que la loi prononce contre un contumax acquitté ou absous , pour avoir douté de la justice et de la loyauté de ses concitoyens.

Art. ajouté. En laissant subsister le droit attribué au président par l'art 367, de dresser procès - verbal d'un faux témoignage, de faire arrêter le faux témoin, de le faire conduire devant le directeur du jury de l'arrondissement où siége le tribunal, et de dresser contre lui l'acte d'accusation, il convient, pour éviter toute équivoque, d'ajouter, *sans préjudice du droit de poursuivre , s'il y a lieu , le crime de faux témoignage , bien que le coupable n'ait été ni découvert ni arrêté dans le cours du débat.*

Signé TARGET, MURAIRE, Fr. BUSSCHOP, CHASLE, AUMONT, VALLÉE, DELACOSTE, BASIRE, HENRION, PORRIQUET, RIOLZ *et* BOYER, *commissaires.*

Pour copie conforme :

Le Ministre de la Justice,

ABRIAL.

À PARIS, DE L'IMPRIMERIE DE LA RÉPUBLIQUE.
Ventôse an IX.